JN292182

多摩のキャンパス
学食ごはん

Contents

はじめに

多摩地域には、たくさんの大学がある。
多摩丘陵の中にあり豊かな自然が広がる大学、
学生同士のつながりが深いアットホームな大学、
地域の活性化にも積極的に取り組む地元密着の大学など…。

そんな多摩のキャンパスで出合ったのは、
安くて、おいしくて、健康的な「学食」。

目の前でシェフが焼き上げるサーロインステーキ。
裏メニューとして存在しているランチビール。
景色もごちそうの、13階でほおばる和定食。

学生で混み合うお昼休みの時間帯は避けて、
電車やバスの公共機関で出かけてみよう。

大学内の博物館や美術館、薬用植物園へのおさんぽも。

ちょっと学食、食べに行こう。

＊ Sorry 一般不可 の大学は、一般の方は利用することができませんが、
オープンキャンパスや学園祭で入れる日があります。

＊一般利用が可能な大学も、関係者同伴が必要な場合や
守衛室で記帳する場合もあるので、ご注意ください。

＊写真のメニューは、2011 年 6～7月取材時のものです。

桜美林大学

J. F. Oberlin University

学食は、安い・早い・ボリューム満点が基本。が、桜美林大学の「桜カフェ」では、手間ひまかけて作ること、ヘルシーさを大切にしている。

「街のお店に負けないようなおいしくて楽しいメニューを提供したいから、食堂じゃなくて、カフェなんです」と、コックコートを着た渡辺忍店長。

女子学生率が高いので、女子が食べてみたい！　と思うように、メニューは女性スタッフが提案する。お肉は一度ボイルして脂分を落とす工夫、海草を使用したヘルシーなサラダなど、見た目よりもぐっと低いカロリー表示に、思わず「よしっ」と手が伸びてしまう。

とはいえ、カロリーには目をつむって誘惑に負けたいときもあるでしょう。そんなときは「ハヤシライス」を。じっくり煮込んだデミグラスソースを白いご飯にからめて口に運ぶと、バターの風味、玉ねぎの甘みがこっくり広がる。これで350円。それはそれは感動もので、定番の人気メニューのレベルではなく、もはや名物の領域だ。

誘惑に負け続けてもいいならば、デザートコーナーへ。カフェの名にふさわしいスイーツやドリンクが揃い、あなたはもう負けずにはいられない。

桜カフェと厨房がつながる「ファカルティクラブ」は、教職員のみなさんが静かに食事をするレストラン。敷居が高く感じるけれど、学生はもちろん、学校関係者と一緒なら一般の方も利用できる。気になるメニューは「三元豚のとんかつ定食」。250gのボリューム、ランチドリンクが付いて驚きの700円。桜カフェよりも予算は高いが、お値打ちを実感してこちらを利用する学生も。

食後にキャンパスを散歩しようとイケメン男子に「おすすめの場所はどこですか？」と聞いてみた。「チャペル！」との返事。

桜美林大学はキリスト教主義に基づいて設立された大学で、入学式でも讃美歌を歌う。校名は、フランスの牧師であり教育者であったジャン＝フレデリック・オベリンと、創立者・清水安

じっくり煮込んだ
日本の洋食、
仕上げの生クリームまで
本格的

ハヤシライス
350円 795kcal

カロリーのことは
しばし忘れて、
リーズナブルな
スイーツを

アーモンドラテ
250円
ガトーショコラパフェ
200円

桜カフェ
月・火・木・金曜
10:30～16:30
水曜 11:00～15:00

その他メニュー

- 鶏肉のはちみつてりやき
  …400円　530kcal
- オリジナルカレー
  …350円　692kcal
- ネギ塩カルビ
  …390円　450kcal

月に1度はフェアを開催。パスタフェアやご当地カレーフェアなど、いつもと違うメニューが並ぶ。

三が留学したアメリカ・オハイオ州のオベリンカレッジに由来する。桜の木がたくさんあることにもかけた、きれいな校名だなあと思いながら歩くと、桜並木の向こうに、アイスクリームのカップみたいな斬新な建物を見っけ。これが、チャペル。のぞくと、学生が礼拝に参加できるチャペルアワーの時間で、心が透き通るパイプオルガンの演奏が大礼拝堂に響きわたっていた。

　冬はイルミネーションがとってもきれいだという情報も。時期はいつ？　場所はどこ？　学生さん、桜カフェで出会ったら、教えてくださいね。

FACULTY CLUB
11:00～13:30

D A T A

●リベラルアーツ学群、ビジネスマネジメント学群、健康福祉学群、総合文化学群

町田市常盤町3758
042-797-2661
JR横浜線淵野辺駅北口から
スクールバスで8分
京王線・小田急線・多摩モノレール多摩センター駅からスクールバスで20分

嘉悦大学

Kaetsu University

校訓は「怒るな働け」。明治時代、創立者の嘉悦孝が発したこの言葉は、平成に生きる私たちの心にもグッと迫りくる。「誰にも耐えようとしても耐えられない怒りはあるものです。しかし怒っては破滅を招くだけです。耐えて、そして働くことです」。つまり、冷静に考え、社会に働きかけていくべきだという精神のもと、孝は女性の経済的自立能力の養成および社会的地位の向上を目指した。そして1903年、日本で初めての女子商業教育校「私立女子商業学校」を創立した。

それから1世紀以上が経ち、2001年に嘉悦大学が開校した。建学の精神は継続しつつ、変わった点は学生の7割を男子が占めることである。また

2012年には短期大学部が募集停止となり、経営経済学部とビジネス創造学部の２学部体制になる。

　学生数約1300人の小さな大学は低層の建物で、住宅地にスッと溶け込んでいる。学食は「さくら」。窓の外には小金井カントリー倶楽部のグリーンが広がる。その手前にはイチョウの大木があり、秋には素晴らしいコントラストが楽しめそうだ。緑のクッションを経て食堂内には柔らかな光が降り注ぐ。観葉植物で彩られた青いガラスの照明、ステンドグラス、ピアノと何気

ないインテリアが心地よい。

　メニューは日替わりランチ２種、丼物、週替わりのカレー、チャーハン、麺など。学生に人気なのは丼物とカレーとか。時折、「Ｂ級グルメウィークフェア」など、イベントメニューが登場することもある。

　Ａランチの「あぶりサーモン丼と小たぬきうどん」は、ボリューム感があるところが実にいい。５枚の厚切りあぶりサーモンは、ご飯が見えないほどたっぷり。ワサビ醤油でいただくのが一般的だろうが、添えてあるのはマヨネーズ。これが実によく合うのだ。サイドには、小？　と疑いたくなるこれまたたっぷりのたぬきうどん。さらに肉じゃが、スパゲティサラダ。海の物、山の物がふんだんに使われ、分量、栄養価ともに申し分ない。

　同じＡランチの「チキンカツ」。どーんと大きな鶏肉のカツに生野菜のサラダ、小鉢、ご飯、みそ汁が付く。思わず大きな声で言ってしまった。「ごちそうさま！」

その他メニュー

- 日替わりＢランチ（ホイコーロー、サバ文化干しなど）…420円
- 日替わりＡ丼（アナゴ天丼、嘉悦丼／あぶりチャーシュー丼など）…400円
- カレー（ポークカレーなど）…370円
- スペシャル麺（ぶっかけ梅カツオうどん・そば、冷やしバンバンジーラーメンなど）…400円

Ａランチ（木）
「あぶりサーモン丼と小たぬきうどん」
470円

Aランチ（月）
「チキンカツ」
470円

さくら
11:30〜13:30

もうひとつの学食「はるか」の奥には売店があり、お弁当や飲み物などが揃う。内装は白で統一され、清潔感がある。もちろん飲食可能だが、落ち着いた雰囲気の中で勉強する学生も多い。

さて、食堂が入るC棟の1、2階とF棟Factoryはなんと24時間開放。「学生が帰ってくる場所はいつも灯りがついているべき」と、大学を家（ホーム）と位置づけている。

同大は週刊エコノミスト2010年8月31日号に「娘、息子を通わせたい大学」として紹介された。前述した建学の精神を含め、小さな大学ならではの先進的な取り組みが高く評価されている。

DATA

●経営経済学部、ビジネス創造学部（2012年4月開設）

小平市花小金井南町2-8-4
042-466-3711
西武新宿線花小金井駅
南口徒歩7分
西武池袋線清瀬駅からバスで
「嘉悦大学入口」下車、
徒歩5分
JR中央線武蔵小金井駅から
バスで「嘉悦大学入口」下車、
徒歩5分
JR武蔵野線新小平駅から
スクールバス（平日運行）

恵泉女学園大学

Keisen University

約1800人の学生が学ぶ小さな女子大は、日本の教育機関としては初めての名誉ある認定や賞を受けている。まず教育農場がJAS法の有機認証、次に農水省の「FOOD ACTION NIPPONアワード2009」コミュニケーション・啓発部門優秀賞。いずれも農業に関係があるようだが……同大に農学部はない。人文学部と人間社会学部という２つの文科系学部があるだけだが、なんと1年次の必修科目に「生活園芸I」があるのだ。これは創立者である河井道の「自然を慈しみ、生命を学び、人間の基本的なあり方を学ぶこと」という信念を受け継いでいるそうだ。

多摩丘陵の中にある静かなキャンパスには、豊かな自然とともに教育農場やハーブガーデン、ロックガーデンがあり、四季を感じられる環境になっている。また、ドラマや映画のロケ地としても多用されている。

町田市の緑の保全地域に面している0.75haの教育農場には「ノウサギやイタチ、キジが出ますよ」と、樋口幸男人間環境学科准教授〈博士（農学）〉。目の前には、東京とは思えない緑色が広がっている。

ここで畑作りや野菜・花の栽培を学ぶ。花の女子大生が麦わら帽子とジャージ、長靴姿で、ジャガイモ、キュウリ、ダイコン、ホウレンソウなど15種ほどを育てている。講義では、人と環境にやさしい農業や旬の味わい方などを学び「食の安全に関心を持ち、身近な食生活が変わる」（樋口先生）とか。ちなみに2年次以降の選択クラスでは花より野菜が人気だそう。そうか、やはり花より団子なのね。というわけで、学食にいざ行かん。

学食は2か所。2階の大食堂ではパスタ、ラーメン、和麺、カレーなどの定番と「ランチA・B」「とくどん（特丼）」などの日替わりメニューがある。いただいたのは「ランチA・B」。Aは「白身魚の天ぷら＆梅風味なめ茸おろし丼」、Bは「きのこ麻婆」で、それぞれ小鉢、みそ汁が付いて400円。いずれも野菜がたっぷり入ってヘルシーだが、ボリュームもあり、若い女性たちにはカロリーが気になるところ。それを尋ねてみると…「選ぶ基準はボリュームと値段」という答えが返ってきた。昼は食べても大丈夫、ということらしい。

大食堂
11:00～16:00

その他
メニュー

- とくどん（日替わり）
  牛肉とカボチャの
  バター醤油丼など
  …400円
- ゆであげぱすた
  （日替わり）
  蒸しどりと白ゴマの
  ペペロンチーノなど
  …380円
- ラーメン…300円
- 担々麺…380円
- カレー…300～400円

ランチA
「白身魚の天ぷら＆
梅風味
なめ茸おろし丼」
400円

ランチB
「きのこ麻婆」
400円

1階の軽食堂では焼きたてパン、オープンサンド、サラダ、スイーツなどテイクアウトメニューが豊富。もちろん食堂内でもいただけるが、外で美しいキャンパスの風景を見ながら、というのもいい。

大学で初めて園芸に触れた彼女たちの中には、2年次以降も引き続き園芸Ⅱを選択する学生も多いそうだ。レシピ制作の授業があり、オープンキャンパスの「ビストロ恵泉」で披露される。ここでは授業で栽培した野菜も登場。学生が考案したレシピは、学食を運営するシダックスフードサービスが全面協力し、来場者に提供する。

パストラミビーフのオープンサンド(350円)を口いっぱいにほおばる。幸せそうな表情を見ただけでそのおいしさが伝わってくる

DATA

●人文学部(日本語日本文化学科/英語コミュニケーション学科/文化学科)、人間社会学部(国際社会学科/人間環境学科)

多摩市南野2-10-1
042-376-8211
京王線・小田急線・多摩モノレール多摩センター駅からスクールバス

学生が考案した、レシピを一部ご紹介

ラディッシュとキュウリの塩こんぶ和え

材料

ラディッシュ
キュウリ
塩こんぶ
＊量はお好みで

作り方

1 ラディッシュとキュウリを一口大に切る。
2 1に切り込みを入れる。
3 2と塩こんぶを混ぜる。
4 30分〜1時間冷蔵庫で冷やす。
＊ 少し時間をおいた方が、塩味が野菜に染みこんでおいしく食べられる。

ベーコンと水菜の混ぜごはん

材料（1合分）

ベーコン	1枚
水菜	適量
米	1合
塩・こしょう	少々

作り方

1 ベーコンを1センチほどの幅に切り、フライパンで炒める。
2 水菜をざく切りにする。
3 ボウルにベーコンと塩・こしょうを入れ、混ぜ合わせたらごはんを加えてさらによく混ぜる。
4 水菜を加え、ざっくりと混ぜる。

駒沢女子大学
駒沢女子短期大学

Komazawa Women's University
Komazawa Women's Junior College

駒沢女子大学・短期大学は、多摩丘陵の中にある。正門から見える風景は丘陵というより小高い山のようで、周囲に人家なども見えない。あふれる緑と鳥がさえずり、柔らかなサーモンピンクを基調にした校舎が静かにたたずんでいる。駒沢学園が稲城市に全校移転したのは1989年、ここでは中学生から大学院生までが学んでいる。

同大には２つの食堂があり、2009年に内装を改修したという本館食堂はすべての学生が利用する。足を踏み入れた瞬間「まぁステキ」と、思わず声をあげてしまった。前面の窓からは明るい日差しが降り注ぎ、手入れの行き届いた池が目前に広がる。池の周囲にはつつじの植え込みがあり、春にはもうひとつ鮮やかな色が加わることだろう。

室内はフローリングにサーモンピンクの壁。イスは白を中心にピンクと赤がところどころに配されている。窓際にはカウンターがあり、その上にはホタルをイメージした間接照明が下がっていた。これは改修時にデザイン募集したところ、空間造形学科の学生案が採用されたのだそうだ。

メニューは日替わりのランチや丼物、サラダ、ラーメンやうどん、そば、パスタなど。日替わりは約80種類のメニューストックがあり、ＨＰのキャンパスライフで「今週のメニュー」がアップされている。それらすべてを手作りで提供するのは東京ジューキ食品。「ボリュームがある方が喜ばれる」と、コック帽がよく似合うシェフの本吉勇二郎さん。一番人気は日替わり丼だそうだ。

取材日のメニューが３品、テーブルに運ばれてきた。そのボリュームとしゃれた器にますますテンションが上がる。

日替わりランチは「ハンバーグ＆エ

日替わりランチ
「ハンバーグ＆エビフライ」
450円

食堂
11:00〜13:30

その他メニュー

- かけうどん・かけそば …200円
- ラーメン（醤油、塩、味噌、トンコツなど） …380円
- パスタ（ミートソース、カルボナーラ、明太クリームなど）各ミニサラダ付き …370円
- 日替わりサラダ …150円

ビフライ」。ドーンと120ｇの柔らかハンバーグには、しめじ入りデミグラスソース、エビフライ２尾にはトロリとしたタルタルソースがかかっている。それにスパゲティ、キャベツと水菜のサラダ、ライスとスープが付く。ファミレスでもこの倍の金額はするかも…と思いながら、ジューシー＆カリッの食感を味わった。

日替わり丼は「麻婆丼」。ニンニクと生姜の香りが高く、ご飯によく合う。おまけにカニシューマイ２個付き。

定番丼は「鶏マヨ丼」。大学生の鉄板メニューだ。これに温卵がのっていることに着目！　トロリとすべてを包み込むやさしさがいい。

日替わり丼「麻婆丼」
370円

定番丼「鶏マヨ丼」
370円

食堂の続きには喫茶がある。すでに満腹状態の胃に、脳が別腹を指示する。ワッフルやソフトクリームが180円から、ラテ、フロート、コーヒーゼリーが200円からいただけるとあっては、食べないわけにはいかない。ここはちょっと贅沢にブルーベリーソースのかかったデザートワッフルとブルーハワイのフロート、人気のバニラ＆抹茶ソフトを注文した。

もうひとつの大学食堂は、短大生と大学生のみの利用。日替わりランチはないものの、その他のメニューは本館とほぼ同じである。天気のいい冬の日は、ここから富士山が見えるそうだ。

喫茶
9:00～14:00

デザートワッフル
300円
ブルーハワイのフロート
200円

バニラ&抹茶ソフト
180円

DATA

●大学　人文学部（日本文化学科／国際文化学科／人間関係学科／空間造形学科／映像コミュニケーション学科）、人間健康学部（健康栄養学科）
●短期大学　保育科

稲城市坂浜238
042-350-7110
京王相模原線稲城駅、小田急線新百合ヶ丘駅北口からバスで「駒澤学園」下車
JR南武線南多摩駅から
スクールバス

首都大学東京
日野キャンパス
Tokyo Metropolitan University

都立の大学４つを、再編・統合して生まれた新しい大学が「首都大学東京」。日野キャンパスは、旧東京都立科学技術大学の場所に設置された。

南大沢キャンパス（P28参照）で1〜2年次を過ごしたシステムデザイン学部の学生諸君が、３年次から引っ越してくる。さらに専門分野を追求していく、教育研究の舞台だ。落ち着いた空気が流れるのは、みなさん20歳を超えた大人の大学生だからかも。

近所の保育園のお散歩の立ち寄り場所にもなっていて、まるでのどかな公園。四つ葉のクローバー探しをしたくなるような芝生は、６月にはシロツメクサが白い花を咲かせる。

学食は、部室が入った大学会館（14号館）1階にある。天井が高く、白を基調とした明るい雰囲気は、食堂というよりレストラン。以前はホールのように使われていた空間で、大きな窓の前には一段高くなった舞台も。舞台にもテーブルがあるので、高いところが好きな方は、どうぞこちらの特等席へ。

日替わりランチ 400円
香味ソースが
たっぷりかかった油淋鶏。
生野菜といっしょに
大盛りは
口頭でもOK

大学会館（14号館）
11：00〜14：00

その他
メニュー

- そば・うどん・
ラーメン…300円
- カレーライス
（みそ汁付き）
…300円
- カツカレーライス
（みそ汁付き）
…400円
- カツ丼
（みそ汁付き）
…400円
- 日替わり弁当
…300円

ウィークリーB　400円
今日は
麻婆茄子丼
（みそ汁付き）

学生数はぐっと少なく、アットホームさが魅力。店長とパートさん、合計４人で切り盛りするスタッフとの距離も近い。

「今年はお肉好きの学生さんが多い傾向ですね。去年はお魚好きが多かったんですよ」と、学生の好みをよく観察していたり、「安く、バランスよく、ボリュームよくが大切ですから、がんばってますよ」とも。「大盛りは口頭でOK。山盛り大盛りの場合だけ50円追加です」。カレーライスにみそ汁が付いてくるのも学食ならではで、これが案外いけるのだ。

メニューは日替わりが中心。小規模なのでたくさんのメニューを一度には用意できない。その分、毎日違うメニューで食事を楽しんでもらおうと腕を振るう。そば、うどん、ラーメンなど定番がありそうな麺類も日替わり。今日は「醤油ラーメン」「カレー南蛮うどん」、明日は「味噌ラーメン」「きつねうどん」という風に。今日どうしても味噌ラーメンが食べたくても、明日までがまん。がまんも楽し。

運営にあたるのは、稲城市に本拠地があるボンフード。店長の武石敏男さん曰く「できるだけ地場産を使うよう心がけたり、食材の質も大切にしています」。日本の食の未来を考える「フードアクション日本」にも賛同しているそう。

次頁の、晩ごはんもある南大沢キャンパスへは、八王子・橋本経由で1時間ほど。学食のはしご、行ってみよう→

DATA

●システムデザイン学部（システムデザイン学科〈3、4年次＋大学院生〉）

日野市旭が丘6-6
042-585-8606
JR中央線豊田駅北口
徒歩20分
またはバスで「旭が丘中央公園」下車、徒歩5分
京王線京王八王子駅西口
からバスで「大和田坂上」下車、徒歩10分
JR八高線北八王子駅東口
徒歩15分

首都大学東京

南大沢キャンパス

Tokyo Metropolitan University

栄養バランス調整に
欠かせない小鉢

20年ほど前から
ある定番。
焼き肉のたれ＋
ニンニク＋生姜

パワー丼Ｍ　399円
小鉢　52円
みそ汁　31円

フレッシュケーキ各種
105円

その他メニュー

- かけうどん…210円
- カレーM…252円
- とろーりからあげ丼M …399円

首都大学東京・南大沢キャンパスのスケールは、今回登場する大学の中でも群を抜いている。学食の規模も大きく、昼間はのべ30名のパートさんが関わり、メニュー数も圧倒的に多い。何を食べようか選択肢の多さに悩める学生も。

ショーケースの前で、まさに、何を食べようか思案中の男子３人に遭遇。みな栄養バランスは考えず、いかに安く満腹になるか、がテーマだ。

量のわりに値段が安い「かけうどん」210円と「カレーM」252円に落ち着くのが常という。おいおいおい。老婆心ながら、「野菜不足」とアドバイスをひと言。すると、方向転換して「カレーM」「チャンプルー」「プリン」に決定。ただ、野菜摂取は果たしたけれど、予算はオーバー。栄養バランスと価格と量、そして好みをかなえるのは、なかなか難しい。

カレーはポークで、2～3日続けて食べても飽きない味！　贅沢できるときは「カツカレー」にするという。食べているところを撮影させていただこうかと思ったのに、すでにごちそうさま状態。早めしっ。写真は満腹満足の様子。しかし３人ともスリムだね。

生協食堂
平日11:00～19:45
土曜11:30～14:00

首都大生協食堂では人気の「パワー丼」。ここでは20年も前から定番だ。焼き肉のたれに、ニンニクと生姜とたっぷり加え、午後の授業もがんばるぞとなるパワー源。「かっくらう（漢字で書くと、掻き食らう。お行儀よくありません）」には最適の丼スタイル。丼オーダー率は、10人に３人で、から揚げに玉ねぎと卵と和風ベースのあんをかけた「とろーりから揚げ丼」も人気上昇中。

ひとり暮らしの学生や、遅くまで研究室にこもる学生や先生のために、夕方５時以降は夜のメニューがある。注文が入ってから揚げる「イカかき揚げ丼」、１人前ずつ仕上げる「親子丼」、いずれも399円。

キャンパスの開放度はすこぶる高

く、大人はウォーキングのコースに、子どもたちにとってはいい遊び場になっている。お昼時になると、女性グループが楽しそうにやってくる。学食でランチかなと思ったら、生協食堂は通りすぎて、右手に見えてくる国際交流会館へ入ってく。

お目当ては、会館の中にあるレストラン「ルヴェ ソン ヴェール南大沢」。フランス料理店だ。多摩に大学多しといえども、フランス料理店があるのは首都大学東京・南大沢キャンパスだけ。広く清々しい雰囲気、ランチが1000円というリーズナブルな価格はかなり魅力的。ゆっくりと食事を楽しめるので、わざわざでも訪ねたい。

小さな案内が出ているので、見逃さないように。

その他メニュー ●ディナーコース 2500円／3500円

DATA

●都市教養学部（都市教養学科）、都市環境学部（都市環境学科）、システムデザイン学部（システムデザイン学科〈1、2年次〉）、健康福祉学部（看護学科／理学療法学科／作業療法学科／放射線学科〈1年次〉）

八王子市南大沢1-1
042-677-1111
京王相模原線南大沢駅
徒歩5分

ルヴェ ソン ヴェール
南大沢
国際交流会館内
11:30〜15:00
(14:30LO)
17:00〜21:00
(20:00LO)
無休

日替わりランチ
1000円の魚料理
「タラのポアレ
トマト風味のスープ仕立て」

昭和薬科大学

Showa Pharmaceutical University

Sorry 一般不可

住宅街の中に突如として現れる森。その中に確かに存在しているはずの昭和薬科大学は、森の外からその姿を見ることは困難だ。1990年、創立60周年に世田谷から全面移転し、総面積は実に7倍の17万3000㎡に。広大な敷地の約半分が、野鳥のさえずりが聞こえる緑豊かな丘陵地帯である。

アポイントの時刻は13時30分。校内はひっそり静まりかえっていた。すでに午後の授業が始まっている時間だが、他大学では授業のない学生が歩いていたり、食堂でおしゃべりを楽しんでいたりするものだ。人っ子1人いないのは、全員が授業を受けているということだろう。初めて訪れた薬科大学の第一印象は、深遠、であった。

本館1階にレストラン「ひまわり」がある。吹き抜け、ガラス張りの明るい開放感が魅力だ。営業時間は11時から13時30分だが、昼休みの50分間

ハンバーグの
デミグラスソースかけ
480円 978kcal

が学生にとっては勝負時である。なぜなら、周辺にコンビニやレストランがないから。２階やテラスを含めた400強のテーブル席はあっという間に埋まってしまうという。でも運悪く、席取りに失敗してしまった学生も大丈夫。メニューはすべてテイクアウトが可能で、お弁当もある。

この超多忙な食堂を切り盛りするのは、シダックスフードサービス。学生の男女比は６対４で女性が多いそうだが、「女性もがっつり食べる」と、平山忍店長。用意していただいた1品目は、週1回の鉄板メニュー「ハンバーグのデミグラスソースかけ」である。これは同大が2010年に80周年を迎えた際の特別メニューだったが、好評で引き続き提供されている。なるほど、がっつりである。ハンバーグに半熟卵、スパゲティ、ミックスベジタブルが鉄板の上でジュージューと胃袋を刺激する音を立てる。それにご飯とみそ

汁、漬物が付く。

２品目は「夏野菜のトマトソースパスタ」。オクラ、ナス、フレッシュトマト、ウインナーが彩りよく盛られている。

ラスト３品目は「天婦羅そば」で、夏の定番。職員らに絶大な人気を誇るという。エビ天、ナス天、カボチャ天、シソ天…あぁ素晴らしき天の数々。

このほかのメニューは日替わり定食、丼物、一品料理、サラダ等々。定食のご飯は多めで、職員らは「軽めで」と注文するとか。

さて、普段は関係者以外入れない薬科大学だが、「地域に開かれた大学」も目指しており、総面積１万8000㎡と、薬科系大学でも全国有数の規模を誇る薬用植物園は、毎週土曜日に一般公開をしている。さらに４〜10月（８月を除く）の毎月１回（2011年は第４土曜日13時30分〜16時）「薬草教室」が開かれているほか、小学校

天婦羅そば
390円

その他メニュー

- 鉄板ランチ
  チキンのトマト煮
  …480円
- ツナオムライス
  …400円
- 温玉つくね丼
  (味噌汁・漬物付き)
  …400円

の課外授業や体験学習にも協力。身近な植物と薬の関係を一般に伝えている。高台に続く自然観察路では、市街地では見ることのない野鳥や昆虫の姿を目にする機会もあるという。

また11月に開催される昭薬祭（学園祭）では、多目的アリーナ（体育館）でフリーマーケットを開催。毎年、大勢の人でにぎわうそうだ。

DATA

●薬学部（薬学科）

町田市東玉川学園3-3165
042-721-1511
小田急線玉川学園前駅
南口徒歩15分
JR横浜線成瀬駅北口から
バスで「昭和薬科大学」下車
＊一般の方は学内に入れません。（学園祭、薬用植物園公開日を除く）

白梅学園大学

Shiraume Gakuen University & College

Sorry! 一般不可

白梅といえば保育、子ども、福祉。多摩地域からも将来の保育士や幼稚園・小学校の先生、介護福祉士などを目指す学生たちが大勢通っている。女子短大のイメージがあったが、2005年に大学を設立し、現在は学生数約1100人のうち、約15％が男子という。その後も清修中学校（06年）、大学院（08年）の開設が相次ぎ、玉川上水にほど近い学園には、小学校を除くすべての学校が整っている。

2012年に創立70周年を迎える同学園で、学食を担う生協も32年を経た。1棟の3階にある学食は見晴らしが良く、明るい日差しが降り注ぐ。住宅地にあるため視界をさえぎるものがなく、噂ではスカイツリーも見えるらしい。当初はまさか、という話もあったが、日に日に高くなっているからそうに違いない、という結論に達したとか。奥には学生が制作した動物のオブジェが飾られていて、思わず幼稚園を思い出した。

「食に興味がある学生が多い」と、生協の専務理事・遠藤幸喜さん。年に1回開かれる栄養相談には、2日間で80人を超す学生が訪れた。「現在か

タマナーチャンプル 157円 159kcal
16品目サラダ 52円 81kcal
五目ひじき 52円 20kcal
ライスS 63円 204kcal
ねぎと麩の味噌汁
31円 23kcal

ら将来にわたる健康を考え、食生活を見直したい」という学生が多かったという。

時期を同じくして学食では6〜7月の1か月間にわたり「白梅小鉢マラソン」を開催していた。これは独自の店頭企画で、食生活と健康を考えようという取り組み。すでに3年連続開催しており、今後も継続の予定という。小鉢（52〜84円）またはサラダバー（1g1.3円）1皿で「タヌローシール」を1枚。シール5枚で完走となり、小鉢1個を無料プレゼントするそう。余談だが、タヌローとは生協共済のマスコットキャラクターの、一見タヌキに見えるフクロウで、なかなか愛らしい。

学食で学生が使う平均額は、約370円。年間を通じて味噌ラーメンがよく出るそうだが、単品では栄養的に偏りがある。たとえば、これに小鉢を付ければ、ぐんとバランスがよくなる。と、いうわけで、紹介するメインメニューは栄養バランスを考えてみた。今週のおすすめメニューやビュッフェに並ぶたくさんの小鉢、約15種類のサラダバー、ほかにチキンから揚げ（52円）、浜松餃子風メンチカツ（105円）なんてものもある。

大いに悩みながら選んだのは…メインに「タマナーチャンプル」、サイドに「16品目サラダ」と「五目ひじき」、「ライスＳ」に「ねぎと麩の味噌汁」。487kcal、355円也。タマナーとは玉菜でキャベツのこと。ほかにもハムや人参、卵などが入り、色鮮やかな一品である。

お茶やお水をいただく湯のみを最近リニューアルしたという。学生委員会で意見を聞いて選んだ３種類の図柄は、校名にちなんだ梅などが描かれている。

同学園の清修中・高では「食は健康の源である」という観点から、「食育」に力を入れている。生協はこれにも全面協力。管理栄養士や養護教諭らと打ち合わせを行い、毎週1回、オリジナルの食育メニューを提供している。たとえば冷やしチキンラーメン、豚肉ときのこのバター醤油炒めなど。生徒にはメニューの由来や紹介、注目食材を記した紙が配られる。

「お昼ごはんを楽しくしっかり食べてほしい」と遠藤さん。その思いは、確実に子どもたちにも伝わっているようだ。

その他メニュー

- 鶏のガーリックステーキ丼Ｍ
…399円
- ポークカツトマトソース
…294円
- アジフライ…105円
- ソフトクリーム
（バニラ、白桃、抹茶、
カスタードプリンなど）
…180円

DATA

- 大学　子ども学部
（子ども学科／発達臨床学科
／家族・地域支援学科）
短期大学　保育科

小平市小川町1-830
042-346-5618（広報課）
西武国分寺線鷹の台駅
徒歩15分
JR国分寺駅北口からバスで
「白梅学園前」下車

創価大学

Soka University

総面積87万㎡……多摩地域には広大な敷地の大学が多いが、その中でも最大規模クラスだろう。創価大学へのアクセスは、ＪＲまたは京王八王子駅からバスを使う。大学周辺にバスの停留所は、正門・東京富士美術館、創大門、栄光門の３か所もあるのだ。

正門・東京富士美術館でバスを降り、まず正門前にある東京富士美術館へ。2008年にオープンした新館の常設展示室では、西洋絵画コレクションを中心に彫刻やジュエリーなど約100点を展示。ほかに特別展やコンサート、イベントなどを開催している。詳細はＨＰでも確認できる。

●東京富士美術館
開館時間／10:00～17:00
休館日／月曜、年末年始、展示替期間
入場料金／大人800円、大高生500円、中小生200円（特別展別途）
042-691-4511
所蔵する美術品は3万点におよぶ

美術館を後にし、正門から一番奥にある本部棟まで、延々と続く緩やかな上り坂を汗だくになりながら歩く。しかし一方でその道のりは興味深く、楽しいものであった。緑あふれる校内は美しく整備され、森の中を歩いているようだ。さらに通り過ぎる建物の意匠や彫刻などに目を奪われた。

そして、ようやく到着した本部棟は空に向かってそびえ立っていた。この最上階はさぞいい眺めだろうなぁ…と思っていたら、ありました、そこに学食が。まず玄関ホールの展示物の多さに度肝を抜かれた後、エレベーターで13階へ。そこに広がっていたのは、まさに天空の世界。天気の良い日には富士山も見えるそうだ。また、春には眼下が桜のピンクで覆われる。それを楽しみに訪れる一般客も多いという。

室内に目を転じれば、ここにもまたきれいな写真が飾られている。国内外の有名画家の作品を眺めながら、日替わり和定食の「華ちらし」、日替わりランチの「鶏肉の竜田揚げおろしポン酢」を堪能した。価格に展望代と鑑賞代は反映されていないようだ。和定食は650円で学食の値段にしては高めだが、これは絶対に小鉢じゃないというボリュームの天ぷらが付いて、この安

目にも鮮やか、
プチプチいくら入り。
野菜の天ぷらで
カロリー控えめ

日替わり和定食
「華ちらし」
650円 737kcal

日替わりランチ
「鶏肉の竜田揚げおろしポン酢」
350円（ライス中）770kcal
ライス小320円、大400円
野菜たっぷりサラダ

本部棟食堂
11:15～14:00

その他
メニュー

本部棟食堂

- 和麺…350円
- 中華麺…350円

ニューロワール

- ロワールランチ
…320～400円
- ロワール丼…380円
- ロワールディナー
（17時より販売）
…320～400円

さ。ほかにサラダや小鉢が50円から、ビーフカレーなどが290円からあり、学生にも人気のスポットだ。また、毎週水曜日は「さぼてんのとんかつの日」。あの有名店のカツが学食で…という贅沢を味わえる。

続いて向かったのは、キャンパスのほぼ真ん中に位置するニューロワール。ここは1、2階が食堂になっている。学食らしい活気に満ちている場所だ。迷わず注文したのは、本日のスペシャルメニューで毎週木曜日恒例のTFTメニュー「ほうれん草入り生姜焼定食」。TFT（TABLE FOR TWO）とは、1食につき20円を開発途上国の学校給食のために寄付する活動で、同大では推進する学生がメニューを考案するという。他大学でも導入しているところはあるものの、毎週というのは珍しい。健康応援メガランチも兼ねている、同定食。生姜焼きにほうれん草の組み合わせは初めての経験だが、ほうれん草がたっぷり入り、ニンニクもよくきいている。ご飯によく合う栄養満点のスタミナ食だ。

このほか、ニュープリンスホール（日替わり、手作りパン、レディースセットなど）、プリンセス食堂（ランチ、麺、カレーなど）やSUBWAYがあり、全学食がHPのキャンパスライフにウイークリーメニューを掲載している。自然を感じたい、芸術に触れたい、はたまたおいしいものを安く食べたい……さまざまな願望を叶えてくれる大学だ。

ニューロワール1階
平日11:15～19:30
土曜11:15～14:00

スペシャル&
健康応援メガランチ
「ほうれん草入り生姜焼き定食」
380円

DATA

●経済学部（経済学科）、経営学部（経営学科）、法学部（法律学科）、文学部（人間学科）、教育学部（教育学科／児童教育学科）、工学部（情報システム工学科／生命情報工学科／環境共生工学科）

八王子市丹木町1-236
042-691-9442
JR・京王線八王子駅からバスで「創価大学正門」下車

拓殖大学 八王子キャンパス

Takushoku University

第2食堂
平日8:30〜18:00
土曜9:00〜15:00

「Dear Oversea Students, Our curry doesn't contain pork. Try it out without worry!」（留学生の皆様、私たちのカレーは豚肉を使っていません。安心して食べてね！）。2011年にリニューアルしたばかりの第２学生食堂にこんな掲示があった。「未開の地を切り拓く」という意味を持つ校名のままに、世界を志す拓殖大には留学生も多い。他大学でも外国人学生の姿を見かけることはあったが、食堂にこうした張り紙があるのはまれである。

食堂のメニューは実に独創的なものが多い。名物は「石焼ごはん」で、取材当日は「とろけるチーズと明太子と高菜のピリ辛仕立て」。韓国、日本、イタリア（？）の融合、なんてインターナショナルなんでしょう。名前だけですでにおいしそう。実際、盛夏にもかかわらず食べている学生が多かった。ほかに「ごぼうちょっとピリ辛チップス」（50円）。手描きのPOPには「栄養満点♥お腹もスッキリ！食物繊維の有名人」などとある。

メニューはスペシャル丼Ａ・Ｂ、カ

天ぷらは、
ほかにサツマイモや
カボチャ（各2枚）
などから選べる
ラー油かまたまうどん
290円
ミニ天丼 200円

レー、ラーメン、うどん、そばなどだが、ラーメンだけでも9種類と、選択肢の多さが特徴。120円という安さで人気のかけうどん・そばには、50円で2種類の天ぷらのトッピングが可能。ちなみに和麺は80円増しで2玉に。これらのメニューは、運営するアーバンの中村マネージャーが考案しているそうである。

この豊富なメニューの中から選んだのは「ラー油かまたまうどん」と「ミニ天丼」である。溶き卵のかかったうどんに豚肉、天かす、ネギ、そして食べるラー油がのっている。ピリッとしたラー油が全体の味を引き締める。ミニ天丼の天ぷらは自分で好きなものを選べる。今回はかき揚げと竹輪を選択。これで十分ご飯が隠れてしまった。

このほか、イタリアコーナーもある。こちらはパスタ（320円）やオムライス（390円）などが主なラインナップ。静かな雰囲気で、女子学生が多い。

続いてA館の第1食堂へ。食堂内にラグビー部の皆さんを見つけた。関東大学ラグビーリーグ1部の面々である。昼休みは学食に集まって皆で食

第３食堂
平日 10:30 ～ 18:30
土曜 10:30 ～ 15:00

第１食堂
平日 8:30 ～ 18:00
土曜 9:00 ～ 15:00

べるのが常という。値段が安くてボリュームのある鶏マヨ丼、かまたまうどん（そば）がお気に入りとか。

ラグビー部以外にも陸上競技部、男女バスケットボール部など強豪体育会系クラブがある。グラウンドや体育館などの施設が整っており、筋肉系ジャージ学生が実に多い。昼休みに入る12時30分を過ぎると、食堂内のあちこちにクラブごとの固まりができてくる。

最後に向かったのは、学生交流会館にある第３食堂。多摩丘陵にあり広大な敷地を持つが、キャンパス内の高低差は比較的少なく、移動はしやすい。同食堂は大きなガラス張りが印象的な建物で、憩いの場としても親しまれている場所。ここは定食や麺類が主なメニューだ。

キャンパスには約300本のモミジが植えられている。秋には見事な紅葉が訪れる人の目を楽しませるという。このほか同校の歴史が刻まれた「恩賜記念館」「烈士 脇光三碑」「拓殖招魂社」がある。

その他メニュー

第1食堂

- 日替わり丼（カツ丼、あんかけチャーハンなど）…380円
- Aランチ…420円
- カレーライス…270円
- ラーメン（しょうゆ、塩、味噌）…各270円

第2食堂

- スペシャル丼A（カツオのタタキ丼など）…380円
- 定食B（チキチキ定食／ジャンボチキンカツ+から揚げ３個+生野菜）…340円
- 季節・ご当地ラーメン…320円

DATA

- 商学部（経営学科／国際ビジネス学科／会計学科〈1、2年次〉）、政経学部（法律政治学科／経済学科〈1、2年次〉）、外国語学部（英米語学科／中国語学科／スペイン語学科）、国際学部（国際学科）、工学部（機械システム工学科／電子システム工学科／情報工学科／デザイン学科）

八王子市館町815-1
042-665-1463
JR中央線・京王線高尾駅南口からバスで「拓殖大学」下車

中央大学 多摩キャンパス

Chuo University

中央大学は本書の目玉である。これまでテレビをはじめ、マスコミに何度も取り上げられてきた。

その象徴的な存在が、「ヒルトップ」。４階建てで、学食のほか理・美容室や旅行カウンターがあり、キャンパスライフの一翼を担う。学食の総座席数は3000以上で、群を抜く存在だ。ヒルトップにある９食堂のうち、３階の芭巣亭《ばすてい》を除く８食堂は中央大学生協が運営している。生協といっても他大学の東京事業連合とは異なり、独自の運営。では、最上階から順に紹介していこう。

４階には「東側生協食堂」「和おん」「四季」がある。東側生協食堂は壁一面がはめ込みガラス。外には1枚の絵画のように山の緑が広がっている。こちらは2011年春にオープンしたばかり。その注目メニューは、なんとお寿司。「少数派でも喜んでもらえるメニューを」と考案されたという。

注文したのは、「にぎり寿司Ａセット」。マグロ、イカ、エビ、タコ、ツブ貝、あぶりサーモンの６カンにそば、サラダ、みそ汁が付いて480円！

　寿司ネタとシャリのバランスがちょうど良い。毎日仕入れるネタの新鮮さはいうまでもないが、特筆すべきはシャリ。酒粕を発酵させ、赤く香りが

4階
「東側生協食堂」
11:00～14:00
土日休み

にぎり寿司Aセット
480円　414kcal

強い「粕酢」を使用している。都内の寿司屋でも数軒しか扱っていないというが、「魚との相性、特長づくりを考えて採用した」と、食堂事業部店長の髙橋雄二さん。「江戸の粋を堪能してほしい」と言う。寿司は350円から最も高い天せいろ寿司セットでも、750円。教職員に人気だそうだが、応援団団長の内布諒君もファンだという。

「和おん」は、さぬきうどんや天ぷら、丼が主なメニュー。さぬきうどんの基本、かけ（200〜300円）やぶっかけ（250〜350円）ほか、週替わりの品も多い。うどんと丼は並と大が選べるほか、ミニ丼（各220円）、単品（100円〜）などがある。

「四季」は定食、丼のお店。こちらは店内も和そのもので、畳の間もある。うなぎ飯（530円）ほか日替わり定食など。

次は３階の「芭巣亭」へ。定食（300円〜）、カレー（270円〜）、ラーメン（320円〜）、丼（380円〜）、クレープ（150円〜）が主なラインナップ。この階は男子学生が多い。定食は白米か七穀米が選べ、メニューは日替わりと定番のトンカツ、焼肉、から揚げ、餃子等々。食後のデザートに「から揚げ

4階「四季」
11:00〜20:30
土日休み

4階「和おん」
11:00〜14:30
土曜不定休
日曜休み

3階「芭巣亭」
11:00〜14:00
日曜休み

その他メニュー

東側生協食堂

- 天丼…480円
- せいろそば…430円

和おん

- ヘルシー豆乳つけ麺
  〜Wスープ海老風味
  （週替わり）
  …並400円、大450円
- 和風ジューシー
  ロコモコ丼（週替わり）
  …並500円、大550円

四季

- Aランチ（トマトソースの
  煮込みハンバーグほか）
  …500円
- 丼B（鶏の味噌玉丼ほか）
  …500円

芭巣亭

- 日替わり定食…430円
- とんこつ醤油ラーメン
  …380円

リーフカフェ

- 多摩キャンカレー
  …350円
- ライスバーガー…150円

クレープ」（250円）なんてのもある。

２階はカフェテリア、ベーカリー＆カフェ・フラット、喫茶テラスがある軽食エリアだ。「ベーカリー＆カフェ・フラット」では常時40～50アイテムの調理パンが置かれている。注目は「冷やしメロンパン」（150円）。夏だけでなく年中通して人気があるという。中に生クリームがたっぷり入った一品で、本職のパン屋さんも試食に訪れるとか。朝８時から開店しているため、朝食に利用する学生も多いそうだ。

１階にはレストランコープがあり、定食、丼物、ラーメン、麺類と学食の人気者が充実している。

ヒルトップを離れ、モノレール門近くにある学生関連施設「Ｃスクエア」へ。ここにも300席以上の「リーフカフェ」がある。喫茶、軽食に加え、エスニックを提供。フォー（ベトナムの米麺）や「焼豆腐とチキンのココナッツカレー（バリ島のカレー）」（週替わり350円）ほか、ボリュームたっぷり売り切れ御免のサーターアンダギー（1個70円）やタコ焼き、揚げ餅（各100円）も。ドリンクは泡立ちコーヒー（110円）やフレッシュで栄養価の高い

Cスクエア
「リーフカフェ」
10:00〜20:00
日曜休み

本日のジュース（130円）などがあり、女性に人気のスポットだ。

50万㎡を超える広大なキャンパスでは、47都道府県から集まった約２万2000人の学生が学んでいる。軽音楽部や吹奏楽部、応援団……そこかしこから聞こえる「謳歌の音」は、教室へと急ぐ学生たちの足音や話し声とともに、静寂な多摩丘陵の木立の中へ吸い込まれていく。

さまざまな国の料理が安価で堪能できる中央大学、恐るべし。最後に、学食では若い女性スタッフが多い。学生や留学生が活躍していることも付記しておく。

DATA

●法学部（法律学科／国際企業関係法学科／政治学科）、経済学部（経済学科／経済情報システム学科／国際経済学科／公共・環境経済学科）、商学部（経営学科／会計学科／商業・貿易学科／金融学科）、文学部（人文社会学科）、総合政策学部（政策科学科／国際政策文化学科）

八王子市東中野742-1
042-674-2050（広報室）
多摩モノレール中央大学・明星大学駅からすぐ

東京外国語大学

府中キャンパス

Tokyo Universty of Foreign Studies

黄色い車両の西武多摩川線でゴトゴト走り、東京スタジアム近くの多磨駅下車。学生たちがどっと降りるので後をついて歩くとすぐ校舎だ。木陰のベンチはひと休みが気持ちいいし、現代アートのオブジェや留学生もちらほらと見かけて、海外の公園に来たような気分に。

附属図書館を左手に見つつ、ずずっと進むと大学会館。1階、2階に分かれて食堂が2つある。

1階の食堂は「ミール」。なんてったって人気は、安くて早い、食べるのも早い麺類で、そりゃもう季節を問わずみんな麺好き。ヒットメニューの「辛味噌ラーメン」は、とんがった辛い香りと、見るからに唐辛子をふんだんに使っているだろう色のスープで、辛いのが苦手な方はチャレンジ精神で挑むべし。

「唐揚げ酢豚風＆里芋とインゲンの煮び出し」は、から揚げとともに玉ねぎ・じゃがいも・人参・ピーマンの野菜も食べちゃえるところが野菜不足の日々にうれしい献立。白米ではなく「16種雑穀米」を選んで、ヘルシー度をアップさせたい。

唐揚げ酢豚風&
里芋とインゲンの煮び出し
420円 812kcal

ごはんは、
白米or16種雑穀米
が選べる

半熟卵、
ほうれん草、ねぎ、
チャーシューの
トッピング

1階 ミール
11:00〜14:00

その他メニュー

- 深川丼…367円 595kcal
- 金沢ソースカツカレー
…M399円 813kcal
- 冷やしチキンラーメン
…420円 556kcal

1g1.1円のビュッフェを終日用意する「さぼおる」は、大学会館２階。ちょこっと小腹が減ったときも、がっつり食べたいときも、好きなメニューを好きな量だけというスタイルは、お財布にもやさしい。春夏は生野菜やさっぱりしたものを、秋冬は肉じゃがや煮浸しなどほっこりしたものをと、並ぶ惣菜の献立にはスタッフの知恵と愛が注がれる。とはいえ、人気はやはりから揚げにハンバーグ。クリーミーなフィットチーネにもそそられる。

午前11時すぎ。重さ、価格、好み、そして少しは栄養のバランスを考えて皿に盛って、会計が260g 286円だった西出有希さん（中国語専攻）と、303g 333円になった長谷川葵さん（カンボジア語専攻）。これは朝ごはん？　昼ごはん？　「うーん、ブランチ！」。アジフライ、から揚げ、野菜メニュー、パスタを取り入れて、なかなかのバランス。「これが生活源です」と声を揃える。つまり、栄養摂取の中心的存在というわけ。食堂が混むランチラッシュ前、友だちとおしゃべりするのも大切な生活源。

レジ担当のスタッフによると、餃子や春巻きは意外に軽く、汁気を含んだものは重くなるそう。ナイスアドバイスを、ありがとうございます。

購買書籍部「ハッチポッチ」をのぞくと、
フェアトレードのコーナーを発見。
珈琲豆は教授も御用達。

2階 さぼおる
10：00〜19：00

DATA

● 外国語学部（言語情報コース／総合文化コース／地域国際コース／特化コース）

府中市朝日町3-11-1
042-354-3061（生協本部）
西武多摩川線多磨駅
徒歩5分
または京王線飛田給駅北口
からバスで
「東京外国語大学前」下車

東京学芸大学

Tokyo Gakugei University

東京学芸大学といえば学校の先生。私事で恐縮だが、子どもが卒業した公立小学校の恩師はほとんど同大出身だった。実際は企業などへ就職する学生も多いが、教育者を養成するという大学の目的は創立時から変わらない。戦後間もない1949年に複数の師範学校を母体として、東京学芸大学となった。キャンパスマップを見ると、広さといい配置といい、小さな街のようだ。校内には附属幼稚園・小中学校もあり、ベビー

カーを押したお母さんたちともすれ違う。

ゆったりと造られた通りには、それぞれ通称名がある。街路樹のように植樹された木にちなんでサクラ東路、イチョウ並木路、ケヤキ中央通り、サルスベリ路などなど。同大ではこれを「学芸の森」と呼ぶ。「100年先の笑顔のために」造られたこの森には「ドラえ門」やカモが遊びにくる万葉池、田んぼや畑（実習園）もある。

学食は３か所ある。第１食堂がある第１むさしのホールは、サクラ東路とクロマツ北通りに面している。2011年春に改装したばかりで、季節（特に春！）によっては室内より先に席が埋まりそうなウッドデッキのテラスが設けられている。その対面に第２食堂。こちらも同時期にテラスが新設された。その２階に３番目の食堂コパンがある。いずれも生協が運営しており、メニューはバリエーションに富んでいる。

人気はオリジナルの「学芸大丼」。ご飯にから揚げ、温泉卵がのっており、甘辛のあんかけがトロリとかけられている。同丼は３号まであり、これは「断トツ」人気の２号。では１号と３号は？　「３号は野菜、卵、豚肉にマヨネーズの組み合わせ」と答えが返ってきたが、関係者の間でも１号が謎だという。「幻の１号」と呼ばれているそうで、現在のメニューにはな

第1食堂
10:30〜19:10

デミカツセット
430円 917kcal

第2食堂・コパン
11:45〜13:15

その他メニュー

- 豚生姜焼き丼
  …336〜420円
  M 1031kcal
- 浜名湖うなぎとろろ丼
  …504円　760kcal
- サバ塩焼
  …157円　319kcal
- 杏仁豆腐
  …84円　99kcal

い。なんだか気になるなぁ。

もうひとつは店長さんの推薦で「デミカツセット」。デミグラスソースがかかったトンカツに、ご飯とみそ汁が付く。カツが厚くてボリュームがある。写真でもお分かりになるだろうか、食べたときサクッと音を立てる衣の絶妙な色と、食感が。

このほかのメニューは生協に準ずるが、「健康管理は食生活から」と、それぞれの野菜の効用について説明する大きなPOPを張り出している。教育者には食育も大切。そんなメッセージが込められているようだ。その甲斐あってか、小鉢がよく出るという。第1食堂には100g126円のHOT&SALAD BARがあり、男子学生も多く訪れていた。

第1むさしのホールには、大きなコンビニ並みの品揃えを誇る購買部がある。その中にオリジナルのお菓子を見つけた。まんじゅうとクッキー。包装紙に「學藝」と旧字体で印刷されているところが、なかなか渋い。学生の半数以上が地方出身者で、帰省や教育実習のお土産によく出るそうだ。生協の品とあって無添加、安全安心な一品。ただし、これは季節品でいつもあるとは限らない。

同大では一般や高校生向けにも公開講座を多く開催している。音楽や美術など芸術系からスポーツ、歴史やパソコンまで多彩な学びを専門家がサポートしてくれる。そう、学びは一生モノ。

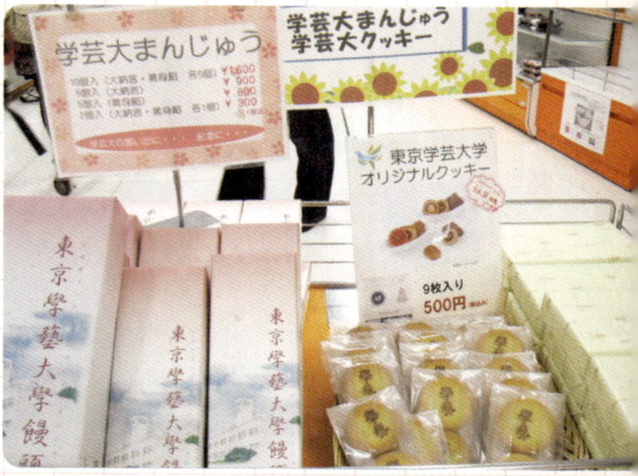

D A T A

●教育学部（初等教育教員養成課程／中等教育教員養成課程／特別支援教育教員養成課程／養護教員教育教員養成課程／人間社会科学課程／国際理解教育課程／環境総合科学課程／情報教育課程／芸術スポーツ文化課程）

小金井市貫井北町4-1-1
042-329-7111
JR中央線武蔵小金井駅北口からバスで「学芸大正門」下車、または徒歩25分
国分寺駅北口から
徒歩20分

東京家政学院大学
町田キャンパス
Tokyo Kasei Gakuin University

Sorry! 一般不可

衣食住、暮らしにつながる学問、家政学。東京家政学院大学の学科をのぞいてみると、教育や福祉、環境まで幅広く奥深いものだということがよくわかる。キャンパスを歩くと、体育系や文化系、いろんなタイプの学生とすれ違うが、共通していることをひとつ発見。それは、表情。みんなとってもやさしい表情をしている。

たぬきに出会いそうな自然残る広大な敷地には、なんと、ゴルフ練習場まである。屋根付き打ちっぱなしは120ヤード、8打席。その先には、3ホールのバンカー付きアプローチ練習場まで。もちろん青々とした天然芝だ。体育の授業で使うというが、寝っ転がってお昼寝しても気持ち良さそう。（し

てはいけませんよ）

一般の方にも開放している施設、1号館1階にある「生活文化博物館」の扉を開けてみる。小さな小さな博物館。ウォーキングのルートにも近く、リュック＆スニーカーで立ち寄る方も多い。民族衣装やガラス器などの展示品を通じて、忘れていた生活文化をたぐりよせ、心静かな時間が過ごせる。

●生活文化博物館
1号館1階
開館時間／9:30～16:30
入館料無料

フロアの中央には、触って遊べる日本の伝統玩具のコーナーが。授業の合間に来館する学生が、木のおもちゃをカラコロまわしてなごんでいく。カリキュラムには学芸員の資格取得もできるコースがあるので、その学生たちの実習の場としても活用されている。

学食は、緑のエプロン、三角巾がわりに緑のバンダナをしたスタッフが、てきぱきと働く学食「Mi dica《ミ・ディーカ》？」。病院給食も手がけるグリーンベルが運営する。

メニューは、ほとんど日替わり。お昼休みになると続々とやってきた学生たちは、掲示された今日のメニューの前に集まり「今日なに？　今日なに？」と、日替わりの楽しみ。好みがあると、やったー！　となったり、どれも魅力でうーむと悩んだり。今日は「若鶏の竜田揚げ」「温玉カルビ丼」「ごまだれぶっかけうどん」だよ～。

＊価格はEdyカード使用の場合と現金の場合の２種類
（　）内は現金の価格

なめらかな
口あたりの
ポテトサラダ
つぼ漬け
わかめと
もやしのスープ
盛りのいいライス。
少なめがいい方は
申し出てね
添えられた
レモンを絞ると、
調味料なしでOK。
若鶏の竜田揚げ

KVAランチ
420円（450円）
727kcal

家政学を学ぶ女子学生たちに、魅力的な献立だと感じてもらえるように、まず、ヘルシーさを大切にしている。しかし、ヘルシーさだけでは喜ばれるはずはない。ヘルシー＝薄味ではなく、やはりしっかりとした味付けが求められるのだ。では、どんなメニューが展開されているのだろう。ラインナップには、「黒米の夏野菜カレー」「ブロッコリーとアスパラのドリア」。自然派志向のカフェメニューみたいだが、カフェメニューのようにこぢんまりした量ではなく、盛りはかなりよいとみた。女子学生には、多いのではないかしら？

「はい。ちょっと多いです。スタッフのおばさんが超元気なときは、大盛りになったり（笑）」

と、カルビ丼を選んだ学生の意見。厨房のスタッフは彼女たちのお母さん世代。いっぱい食べて健康第一、との思いがこもった親心かな。

お昼のピークが過ぎて、午後２時からはティータイムになる。おやつ

Bランチ
「ごまだれぶっかけうどん
温卵、きざみ海苔、
かいわれ大根のっけ」
380円(400円)
560kcal

ケーキセット (コーヒー付き)
330円 (350円)
コーヒー (単品)
150円 (170円)

白玉あんみつ
330円(350円)

その他メニュー

●Aランチ
(ブロッコリーと
アスパラのドリア、
ビビンバ丼など)
Edyカード…380円
現金…400円 635kcal

●カレー
Edyカード…350円
現金…370円

●コロッケ1個
Edyカード…100円
現金…120円

の時間だもの、自習しながら甘いもの、ミーティングしながら甘いもの、おしゃべりしながら甘いもの、和洋両方のスイーツがあるのがうらめしや。コーヒーも本格的。木製のテーブルを配置したオープンエアの席で、読書をしながらのんびり過ごす昼下がりもいいな。

好きな分野の勉強に専念できる環境と、おいしいごはんとスイーツと。やさしい表情の理由、ここにあるかも。

DATA

●現代生活学部（生活デザイン学科／児童学科／人間福祉学科）

町田市相原町2600番地
042-782-9811
JR横浜線相原駅西口から
バスで「東京家政学院」下車

東京造形大学

Tokyo Zokei University

竹の間伐材を使ったテーブル、椅子、床。雨だれのように天井からぶら下がるLED電球。西の窓からの眺めは緑がいっぱいで清々しい。東京造形大学の学食ではあるけれど、「心地よく過ごせるナチュラルカフェ」として雑誌で紹介されてもいいくらい。

午前中の授業が終わって学生でにぎわうのは12時20分。その前は、教職員の皆さんが利用する。いい職場だなあとうらやましくなる。

「毎日替わるメニューが楽しい」が多い意見。定番は少なく、日替わりの定食、ラーメン、うどん・そば、パスタは毎日めくるめく替わる。写真のA定食の日、B定食は「豚肉のサムジャン炒め」、C定食は「鶏肉の唐揚げ南蛮ソース　タルタル添え」だった。サンプルの前で「うーん」と悩んでしまうほど。中華麺なら、今日は「東京海苔ラーメン」、明日は「白湯ラーメン」といった具合。毎日通っても飽きない工夫、キッチンの方々に頭が下がる思い。

カフェには、食堂のオーブンで焼き上がったばかりのいい香りを放つパンが並ぶ。“つなぎ”姿の学生さん曰く「クリームチーズプレッチェルがおすすめです」。

テラス席は、うとうとシエスタにふさわしい気持ちよさ。

カフェ
9:00〜18:00

食堂（カフェテリア）
11:00〜14:30

その他メニュー

- 和麺（日替わり）…380円
- パスタ（日替わり）…380円
- 丼（日替わり）…380円

＊日替わりメニューはHPにて予告あり

ある日の
日替わりのC定食
「ハンバーグベーコンポテトのせ」
480円 957kcal

日替わりのA定食
「イカ団子の揚げ出し豆腐」
380円 732kcal

本格的な和風だしで、彩りも上品
五穀ごはん（日替わりで黒米、赤米なども登場する）
わかめと豆腐のお味噌汁

食堂とカフェがある「CS PLAZA」は、太陽光発電や屋上緑化を取り入れて2010年に完成した新しい校舎。入るとほのかに絵の具のにおいがする。4フロアが吹き抜けになっていて、想像力をかき立てる真っ白い空間だ。1階フロア中央は、ファッションショーのステージになることもある。大きな作品も運搬しやすいよう工夫された、らせん状のスロープで上階へ。壁にはピクチャーレーンが備えられ、作品の展示会場にもなる。いやはや、さすが造形大学。建築物としても一見の価値ありだ。

すれ違う女子学生たち、絵の具まみ

れの“つなぎ”姿が多いこと！　かわいいな、欲しいなと思っていると、売店（Tools）で発見。カラフルな色を揃えて販売している。

　せっかくだから、附属美術館にも足を運んでおきたい。イタリア現代具象派の彫刻家ジャコモ・マンズーの作品などを所蔵。展示内容や開館日時は大学HPを確認してから出かけよう。

D A T A

●造形学部（デザイン学科／美術学科）

八王子市宇津貫町1556
042-637-8111
JR横浜線相原駅東口から
スクールバス

東京農業大学 世田谷キャンパス

Tokyo University of Agriculture

正門から入ると、世田谷区の保存樹木に指定されているイチョウ、ヒマラヤ杉が迎えてくれる。それはそれは、立派な木々。太い幹に触れたり、見上げてこもれびを楽しんだりすると、東京にいることをふと忘れてしまいそうになる。

目指す学食「カフェテリアグリーン」は、左方向へ。「奥の方にある野球場を目指して行くとその手前にあります」と案内してもらう。広いキャンパスを行く途中、地下足袋を履いて歩く学生とすれ違う。地下足袋さん、1人2人ではない。10人いや、もっと。

東京農業大学は、世田谷、厚木、そして北海道オホーツクのキャンパスにわかれる。ここ世田谷には地球環境科学部・造園科学科があり、地下足袋のみなさんは、造園実習を終えて移動中の学生たち。緑いっぱい、緑の好きな人が集まるキャンパスだ。

メニューを眺めると、ひと目で特徴が判明。「鯖の味噌煮」「鯖の塩焼き」「ぶりの照り焼き」「白身フラ栄養科学科の学生がおすすめするバランス定食！
鯖の味噌煮 157円 166kcal
ほうれん草のごまあえ＆切り干し大根 84円 166kcal
納豆 42円 36kcal
小豚汁 73円 75kcal ライスS 73円 255kcal

ほうれん草は鉄分が豊富、
貧血予防に効果あり。
切り干し大根の
自然な甘さで、ほっ
塩焼きもあり。
値段は同じで
319kcalだから、
味噌煮の方が
低カロリー
ビタミンB2

女子に人気の

里芋、ねぎ、人参、
大根入りの
野菜ごろごろ具沢山。
根菜がうれしい

イ」など、魚メニューが多い。「あちこちの学食を見ましたが、魚を注文する人が圧倒的に多い大学です」と飯島店長も驚いている。

「ヘルシーメニューで国際貢献」のキャッチコピーで紹介している「TFT（TABLE FOR TWO）」のメニュー「夏野菜と鶏肉の黒酢あんかけ」がおいしそう。栄養科学科の学生7〜8名がレシピを考案して、学食のスタッフが試作。それを学生たちが試食して、意見交換をして完成させた。「現在○○食！」と、オーダー数の発表もあり、みんなで盛り上げようとする様子が伝わってくる。1食294円のうち20円がアフリカの子どもたちに届く。

営業時間の長さも特徴で、夜7時半までぶっ通しでオープンし、終日同じメニュー。

「研究室に遅くまでこもる人も多いので、晩ごはんの利用もありますから。自分の研究室に持って帰って食べたい人のために、夕方5時以降はテイクアウトもやっています」。食べる間

「ヘルシーメニューで国際貢献」と呼びかける、
TFT (TABLE FOR TWO)
のメニュー「夏野菜と鶏肉の黒酢あんかけ」
294円（うち20円がアフリカの
子どもたちの支援に） 300kcal

カフェテリアグリーン
（17号館
百周年記念講堂 1階）
10:00～19:30
土日休み
17:00～は
テイクアウトOK

その他
メニュー

- クリームチーズメンチ
  …294円　710kcal
- 白身フライのマリネ
  …157円　319kcal
- フレッシュケーキ各種
  …105円

も惜しんで研究に没頭したい学生たちのニーズに応えている。

ニーズへの対応は、ひと言カードに見つけたやりとりからもうかがえる。「新さんまの塩焼きを再び！」に対しては「秋に登場する予定ですので、ご期待ください」との返事。「12月限定メニューのカルボナーラうどんをレギュラーメニューにしてください。毎日食べます」に対しては「申し訳ありません。期間限定でした」。

店内は、ゆる〜い感じのにぎわいが続く。ごはんを食べるだけじゃなくて、居場所としての食堂。なんだろう、このゆるさ。時間に追われていない、おおらかさ。居心地がいいなあ。学食に行けば、その大学の雰囲気を肌で感じることができるのかも。

「カフェテリアグリーン」のほかに、テイクアウトに便利な丼の専門店「一番飯」がある。丼メニューは35種類を超え、片っ端から食べねばと思う人もいるだろう。人気は「肉マヨ丼」370円や「カツ丼」400円。

パスタとカレー専門の「Ami《アミ》」は、小さなレストラン風。定番「ペペロンチーノ」は380円。これは次回、ぜひ。

よりどりみどり、充実の食環境だと思うが、以前はなんと7店もの食堂があったという。中華料理店、和食のおいしい釜飯の店、ステーキ、ハンバーグ、カレーと、それぞれ専門店があったそう。あまり大きな声で言うと、現役をうらやましがらせることになりそうだから、控えめに記しておく。

「食と農」の博物館は、大学の教育と研究の発信の場。食と農、緑や環境を誰もが学べる、体験型の博物館だ。「日本の酒器」「古農具」など興味深い常設展と、「シルクに聞く」「果物に聞く」など、食と農に関する企画展がある。イベントが特に充実していて、シルク展の期間中ならば「シルクスカーフの草木染め教室」や「シルク食品体験会」が開催されたり、わっ楽し。見学から帰って、博物館ブログ「博物館トピックス」をお気に入りに入れちゃった。

1階のカフェコーナーでは、建物前のけやき広場の緑を眺めながら、コーヒーブレイク。農大が開発に携わった、ビタミンCたっぷりの「カムカムドリンク」、オホーツクで育ったエミューの卵を使った「エミューの生どら焼き」は秘かな人気商品だ。米や味噌も買えるので、来館の際には買い物袋をお忘れなく。

●東京農業大学「食と農」の博物館
世田谷区上用賀2-4-28
03-5477-4033
大学正門から徒歩3分、世田谷通りを馬事公苑側へ
開館時間、閉館日はHPで確認を

DATA

●応用生物科学部(バイオサイエンス学科/生物応用化学科/醸造科学科/栄養科学科)、地域環境科学部(森林総合科学科/生産環境工学科/造園科学科)、国際食料情報学部(国際農業開発学科/食料環境経済学科/国際バイオビジネス学科)、教職・学術情報課程

世田谷区桜丘1-1-1
03-5477-2207
小田急線経堂駅徒歩15分
小田急線千歳船橋駅徒歩15分
渋谷駅西口からバスで「農大前」下車

桜丘門近くの
エコテクゾーンにある
ビオトープ

東京薬科大学

Tokyo Universty of Pharmacy and Life Sciences

赤レンガ造りの日本離れしたような雰囲気とビッグなスケールの、まるで絵に描いたようなキャンパス。映画やテレビのロケ地としても数多くの作品に登場するのもうなずける。「ハチミツとクローバー」「花より男子」と聞けば、もしやあのシーン？　そうそう、あのシーン！

私立として初の薬学の学び舎として設立されたのは1880年。1976年にここ八王子へ移転し、広大な敷地の中に「薬用植物園」も移設、一般公開されるようになった。薬用といっても、園の入口にはシダレザクラが見事で、身近なハーブも育つ。各植物にそのプロフィールが添えられているので、植物オンチさんの勉強にもってこいだ。面積は４万1000㎡、野生植物、栽培植物合わせて2500種類。丘陵の地形を生かした自然観察路があり、スニーカーで気軽に訪ねたい。

薬用植物園散策の後は、ランチタイム。学食は２か所あり、まずは2010年に新規オープンした学生会館内の生協食堂へ。自然光が入り緑を眺められる店内は、1階、２階、テラス席からなる。ぜひ試したいのが、「薬膳カレー」。薬学部の一般用医薬品学研究室が食材設計を手がけたオリジナルだ。長芋やくこの実など元気になれる素材を使っている。トマトの酸味が生き、さらさらとした食べやすさが特徴。

●薬用植物園
開園時間／月～土　9:30～16:00
(ただし、11月～3月は温室は15:00まで)
休園／日、祝、大学の休暇期間
(8月中旬、年末年始、創立記念日の11月6日)
入園無料　入口で記名帳に
住所・氏名を記入してから見学を

生協食堂
平日11:00～14:00
土曜11:30～13:30

オリジナルの
薬膳カレー380円。
おみやげにぴったりの
レトルト商品は
生協購買部で発売中
280円

もうひとつの学食は、正面玄関近くにあるレストラン「マグノリア」。なんと開店36年。もともとは教職員の方のための食堂だったが、今では誰でも利用できる。日本青年館にあった老舗の洋食店「東洋軒」とつながりのある店主・和智康弘さん、料理人・吉田智《ともお》さんを中心に家庭的なスタッフが迎えてくれる。故郷を離れて暮らす学生が、ほっとできる大切な場所だ。

「ひとり暮らしだと、あたたかいものを食べる機会が少ないからね」と、どんなに忙しい昼時も、注文を受けてから一つひとつ作ることを大切にしている。フライ物は、生のパン粉をつけるところから。炒め物は、その度にフライパンを振る。

貴重な昼休みにたとえ20分並んでも食べたい「とりから揚げ」は、入学して卒業するまでほかのメニューには見向きもしなかったという、熱狂的なファンもいた。「彼は、卒業してからも来てくれますよ」。青春の思い出になるから揚げ、今日も、アッツッツのジュワ〜ッ。

さて、マグノリアの意味は「もくれん」。薬用植物園の自然観察路にあり、春には白い花を咲かせる。花びらは6枚。から揚げも6個！

とりから揚げ定食
520円 1169kcal
ハーフサイズ
310円 645kcal

マグノリア秘伝
ぬか漬け
キャベツには
ドレッシングを
揚げたてアツアツなので
別名「ケガするから揚げ」。

ニンニク、生姜etc、
しっかり下味をつけて
ゆっくり揚げるから
しばしお待ちいただきます

その他メニュー

- 焼肉定食
  …560円 1190kcal
- ミラノ風スパゲッティ
  …540円 957kcal
- 肉野菜炒め定食
  …540円 957kcal

DATA

- 薬学部（医療薬学科／医療薬物薬学科／医療衛生薬学科）、生命科学部（分子生命科学科／環境ゲノム学科）

八王子市堀之内1432-1
042-676-5111
京王線平山城址公園駅、
京王相模原線京王堀之内駅
からバスで「東京薬科大」下車

日本社会事業大学
清瀬キャンパス

Japan College of Social Work

福祉を学びたい！　と意欲ある学生が全国から集まる、社会福祉学部しかないという珍しい大学。未来の日本の福祉リーダーの育成を目指す福祉教育のモデル大学として厚生労働省の委託を受けている。1学年わずか180人という小規模な大学で、学生の半数が寮に住んでいる。

学食で出会った4人組に出身地を聞いてみた。東京、千葉、群馬、福岡。どうしてこの大学を選んだのですか？　と素朴な質問をしたら、「就職率がとてもいいんです」「学費が国公立並みに安いから」「社会福祉を学ぶならここだと思った」。しっかり地に足がついた答えを、元気に返してくれた。

かき揚げうどん
300円 448kcal
冷やっこ
50円 63kcal

白いテーブル、ブルーの椅子のさわやかで清潔感ある学食。見渡すと、自分のお弁当箱と、学食のおかずを並べている人が目につく。どういうことかというと、実家から届く米でごはんだけは炊いて持参し、サラダバーなどで野菜のおかずを購入。栄養バランスのいいお昼ごはんのできあがり、というわけだ。健康とお財布の管理を同時にしている様子に、感心するやら、頭が下がるやら。

セルフコーナーは、単品のおかず、丼、麺と並ぶ。麺コーナーの前で、うどんのつゆのだしの香りに誘われる。カツオと昆布のほっとするだしの香りが、ぷわ～ん。今日はうどんにしよう。案内を読むと、「関東風」「関西風」、２種類のつゆの用意があって、選ぶことができるとある。学生の半数は地方出身の学生、食文化の違いに応えている。

「違いを聞かれることもあるのですが、関西はおだしがきいてますよ。関東はお醤油味ですよと説明しています」とスタッフ。

さっきの学生たちに聞くと、福岡出身Ａさん→「関西風。関東はつゆの色からして無理です」。群馬出身Ｂさん

→「関西風の方が好き」。千葉出身のDさん→「関東風。関西風は、この白いつゆは何？　とびっくりしたよ」。東京出身Cさん→「だしがきいた関西風の方が好き」。

育った地方のつゆで選ぶというより、自分の好みで選んでいることに、いささかカルチャーショック。

大阪出身の私は迷わず関西風で「かき揚げうどん」。大きな野菜かき揚げに、少し甘めのだしをしみ込ませて、ほどよくコシのあるうどんにからめて食べる。これはいける！　つゆも最後まで飲み干して、ごちそうさまでした。

その他メニュー

- かけうどん …210円　258kcal
- 鶏の梅しそ天ぷら …130円　257kcal
- 豚汁…110円　171kcal

DATA

●社会福祉学部（福祉計画学科／福祉援助学科）

清瀬市竹丘3-1-30
042-496-3000
西武池袋線清瀬駅南口からバスで「社会事業大学前」下車

キャンパスのアイドル、
2匹の猫。
ちょうどごはんの
時間にゃん

サラダバーの定番は
グリーンミックス、海草サラダ、
3色ベジタブル、フルーツ
サラダバーカレンダー
毎日10種類のサラダを
日替わりでご用意しています
毎日ご提供の
定番メニュー
グリーンミックス
海草サラダ
3色ベジタブル
フルーツ
サラダバー価格表】

日本獣医生命科学大学

Nippon Veterinary and Life Science University

最寄り駅からの近さは、武蔵野多摩地域ダントツ1位。武蔵境南口イトーヨーカドーの東隣、正面玄関にどっしり構えるレトロな本館は街の風景になじんではいるが、建築好きも一目置く魅力ある建物で、日本獣医生命科学大学のシンボルになっている。赤い屋根の上の小さなかわいい塔を見逃さないように。周囲に背の高いマンションができる前はもっと目立っただろうなと残念がりながら、撮影。

大きな木の下で牛（のベンチ）がひとやすみしていたり、カウンターの椅子がモーモー柄だったり、本物はいなくても、動物を身近に感じるキャンパスだ。「生命・環境・食」の学び舎らしく、学生の食に対する意識は高い。

本館２階にいた
はくせいの動物たち。
居心地がよさそう
（非公開）

●日本獣医生命科学大学付属動物医療センター
0422-90-4000

授業でお弁当の原材料ラベルを見てレポートを書くこともあり、カロリーや栄養バランスだけでなく、食品添加物についてもアンテナを張っている。あちこちの学食を見てきた生協の小堺さんも、「日獣のみなさんは、格段に意識が高いです」と感心する。「規模が小さいので、大学では珍しく担任制になっています。学科ごとにとても仲がいいですよ」と、おだやかなキャンパスの様子も教えてくださった。

南側の新しい建物は、大学に付属する動物医療センターで、国内トップクラスの動物病院として知られる。外来診療は予約制、近隣の動物病院からの紹介が主とのこと。動物と暮らす人は、覚えておきたい情報のひとつ。

レトロ校舎を左手に見ながら奥へ。

焼肉たっぷり。
スパイスたっぷり。
辛さのレベルは★★★
焼肉スパイシーカレーM
399円 658kcal
チキンシーザーサラダ
126円 126kcal
野菜は必須！

カフェテリア
むらさき
11:30〜14:00

その他
メニュー

- ハンバーグ＆鮭フライ
  …294円　564kcal
- おろし唐揚げ
  …189円　232kcal
- 麻婆豆腐
  …126円　220kcal
- スープ餃子
  …105円　166kcal

11時45分になると学生たちでごった返す「カフェテリアむらさき」。店内に座りきれず、トレーを持って外や教室で食べる派、牛さんの背中に座る派も？　一般のみなさんは、遅めのランチでのんびりどうぞ。

2010年より力を入れている、唐辛子を使った辛いメニューをご紹介。「日獣」というより、大学がある「武蔵境」挙げてのおすすめだ。

このあたりは、昭和初期ごろまで「八つ房唐辛子」というから〜い唐辛子の名産地だった。そんな食のルーツにスポットを当てて展開中の「さかいHotほっとプロジェクト」がある。日

見るからに激辛。
どばっと汗をかいて
一気にずずずっー
★★★★
食後につるっ。
口の中を
冷ましましょう

辛味噌ラーメン
346円 792kcal
わらびもち
84円 162kcal

獣からも職員と学生が参加、カフェテリアむらさきでは、激辛メニューを積極的に展開している。

「地域の活性化に協力できれば大学としてうれしいですし、学生も楽しんでいます。畑で唐辛子も栽培して、その唐辛子でフレッシュハバネロを作ったこともあります」と職員の中原優さん。

さあ覚悟して。いざ、激辛メニューを注文。超辛くても大丈夫という方は、あまり期待をせずに。適度に辛いもの好きな方は、乞うご期待。そして、辛さに弱い方は、くれぐれも用心をして、さっぱりサラダや冷却用わらびもちと組み合わせて挑むべし。

DATA

●獣医学部（獣医学科／獣医保健看護学科）、応用生命科学部（動物科学科／食品科学科）

武蔵野市境南町1-7-1
0422-31-4151
JR中央線武蔵境駅南口徒歩2分

法政大学 小金井キャンパス

Hosei University

法政大学の小金井キャンパスは、小金市の住宅街にある。最先端科学・技術を学ぶ学生が集う、知も建物もインテリジェント・キャンパスだ。

学食でもまさにそれを意識したデザインを見つけた。正門から一番離れた場所にある東館の地下1階。2008年竣工の同館は、白を基調にした明るく広い空間。その中でパッと目に飛び込んできたのが、らせん階段である。スクールカラーのオレンジと青のラインが入っており、DNAのらせん構造をイメージしているそうだ。

窓から見えるドライエリアは、中庭の様相を呈している。近代的なビルの中にある竹の植え込みは、疲れた目や頭を癒すやさしいオアシスだ。ざわめく学食に静寂をもたらす風景を眺めながら、カウンターで食べるのもい

い。この学食は「快適厨房コンテスト2008」で、「愛情食堂賞」を受賞。人と環境にやさしいと評価された。

愛情がたっぷり詰まった学食は、カフェテリア＆ビュッフェ形式を採用している。このキャンパスには理系３学部が入っており、男子学生ばかりかと思っていたが、08年に生命科学部が設置されたことにより、女子学生が増加。学食を担当する生協ではそれを機にメニューを組み立て直し、小鉢やサラダバーの種類を増やして対応したそうだ。学食で学生が取る平均皿数は1.8、平均額は370円で、丼や麺などの単品が多く出るそうだが、女子学生は栄養バランスを考えて選ぶ傾向にあるという。約520席に昼時は約800人が訪れる。お弁当を買うより学食で、という人が多いそうで、一般の方が訪れる際には14時以降がおすすめだ。

食堂
平日11:00～18:40
土曜11:00～14:00

チキン竜田丼S 390円
小豚汁 73円

蒸し鶏の
イタリアンサラダ
157円

その他
メニュー

生協

- ビュッフェサラダバー
  100ｇ／126円
- カレーライスM
  …252円
- スパゲティ
  ミートソース…283円

スエヒロ・梶野亭

- スエヒロA…460円
- 日替丼B…360円
- スエヒロC…300円
- 唐揚げランチ
  …380円
- ラーメン…300円～
- うどん、そば
  （きつね、たぬき）
  …250円

人気のメニューは、生協オリジナルの「チキン竜田丼S」。週1〜2回ローテーションに入る一番の人気メニューという。それに「小豚汁」(注:こぶたじるではなく、小サイズの豚汁)を付けた。計463円で、学生さんよりやや豪華な昼食だ。いずれもスモールサイズとは思えないボリューム。丼にはご飯が見えないほど、肉の塊がドンとのっている。しかし大根おろしがアクセントとなり、甘辛のたれと相まって箸がよく進む。小豚汁は具だくさんで、不足しがちな野菜をたくさん摂るのに最適だ。サイドメニューに選んだのは、同じくオリジナルの「蒸し鶏のイタリアンサラダ」。レタス、玉ねぎ、蒸し鶏にイタリアンドレッシングがかかった、目にも舌にもさっぱりとした一品だった。

次に向かったのは、管理棟2階にある「スエヒロ」。ステーキで有名なあのお店、シェフが目の前でステーキを焼いてくれるという。学食もそこまできたかーと、ワクワク感が止まらない。コンビニ横の入口に大きなガラスのショーケースがあり…、中央にどんとサーロインステーキが！　食堂内には学生に交じって教職員など大人のグループがいて、ほとんどがみんなこのステーキを食べていた。

調理係長の石丸啓幸さんがニコニコと案内してくれ、ステーキを焼くところを見たいとお願いしたら、快く厨房内に入れてくださった。中はピカピカと清潔で、それだけでもこのお店は信用できると感じた。その間にも次々とステーキの注文が入る。100ｇのオージービーフを焼きながら、石丸さんは手際よくサイドのコーンとフライドポテトをアツアツに熱した鉄板に盛り付けていく。電磁調理器のため、フランベにはライターの火を使う。「行きますよ」と合図をくださり、点火。炎が顔付近まで立ち上る。この迫力はワクワク感をさらに倍増させた。

早速、焼きたてステーキの試食へ。肉は柔らかく、ジューシー。醤油ベースのソースがご飯によく合う。しっかり閉じ込められた牛肉の旨味を味わった。ご飯はプラス50円で大盛りにできるが、並で大盛り分のボリュームがある。これで600円！　お得感も併せて再び噛みしめ、完食。

メニューには300円台のカレーやランチもあり、学生に人気がある。石丸

サーロインステーキ
600円

さんは言う。「レシピは本店と同じ。値段は安くても、スエヒロの名に恥じないものをお出ししています」

鉄板・丼コーナーの隣は、そば、うどん、ラーメンの「梶野亭」。梶野は小金井市の地名から取っており、同じくスエヒロが運営している。同店は2011年4月にオープン。駐輪場から直接入れることもあり、土曜日には家族連れも訪れるそうだ。

キャンパスは「近隣共生」「環境配慮」をコンセプトに再開発工事を行っている。2012年には学生からアイデアを募集した広い中庭などのある、新しいキャンパスがお目見えする予定だ。

DATA

●情報科学部（コンピュータ科学科／ディジタルメディア学科）、理工学部（機械工学科、電気電子工学科／応用情報工学科／経営システム工学科／創生科学科）、生命科学部（生命機能学科／環境応用化学科）

小金井市梶野町3-7-2
042-387-6003
JR中央線東小金井駅北口
徒歩15分、またはバスで
「法政大学」下車

スエヒロ・梶野亭
平日10:00～18:30
土曜10:00～14:00

法政大学　多摩キャンパス

Hosei University

JR西八王子駅からバスで揺られること20分余。バスターミナルに降り立った最初の印象は「ひ、広い」。多摩丘陵の起伏を生かしたキャンパス内には1～18号館までの建物と、橋やトンネル、馬場まである。学部ごとに棟が分かれており、学食も8か所に点在している。

まず訪れたのが、最大規模の6号館食堂。座席649、テラス席60を有し、1日平均約800人が来店するという。その混雑を緩和するために、A・Bラインと麺ラインに分かれている。Aラインは丼物中心で、ほかにセットメニューや総菜など。Bラインは単品が多く、カレーやカツ丼、サラダバーがある。麺ラインは文字通り、ラーメンなど。

生協が運営しているが、人気はオリジナルの「温玉唐揚げ丼」で、リピーターが多いという。その名の通り、ご

サバの味噌煮
157円 166kcal
ポテトとコーンサラダ
84円 86kcal
むぎごはんM
115円 383.3kcal
みそ汁 31円 38.2kcal

その他メニュー

6号館食堂

- チキンおろしだれ
  …294円 458kcal
- スープ餃子
  …105円 208 kcal
- 揚げ出し茄子
  …126円 191kcal

飯にカラッと揚がったから揚げとトロ〜リ温泉卵、それに刻みノリ、青ねぎの組み合わせ。卵をつぶしながら、鶏肉と甘辛のたれが染み込んだご飯を口いっぱいに頬張る。日本人で良かった〜と思う瞬間だ。

もう1点はBラインからチョイス。取材した他校ではあまり出ないと言われ続けた魚のメニューが増えているそうだ。こちらは栄養バランスを考え、1皿ずつピックアップした。メインに「サバの味噌煮」、「ポテトとコーンサラダ」、「むぎごはん」、「みそ汁」。典型的な和食になった。煮魚って自宅で作ると意外に難しいもの。特にサバは皮が破れちゃったりするしなーと思いながら、ふっくらと仕上がったサバの味噌煮をいただいた。

6号館を後にして、次に向かったのは17号館のラウンジ。窓の外に美し

6号館食堂
Aライン 11:15～13:00
Bライン 10:30～19:30
麺ライン 11:15～13:30

温玉唐揚げ丼M
420円　980.4kcal
みそ汁　31円　38.2kcal

い緑が広がる明るいカフェテリアだ。ここでは焼きたてパンやパスタなどを販売。現代福祉学部棟の1階で、女子学生が多い。人気ベスト３はクッキーシュー、バニラクリームパイ、デュラム小麦のピザ。甘いものが多いが、女子学生のみならず男子学生もこうした菓子パンを買っていくとか。1か月に1回メニュー変更をするそうだが、取材時に並んでいたこのほかのパンには、エビカツバーガー、きんぴらのフォカッチャ、豚まん等々。一般のパン屋さんでもあまり見られないメニューが並び、選ぶのもまた楽しい。毎日28種類ほどのパンが揃うが、昼前にはなくなってしまうという人気店。パン好きの方は急いで行くべし！

17号館ラウンジ

このほか、学食は1号館（定食、ファストフードなど）、９号館（麺・丼セット、定食など）、11号館地下（サラダバー、麺・丼コーナーなど）、11号館1階（おにぎり、サンドイッチ、デザートなど）、14号館（定食、スタミナメニュー）、16号館（「里山耕房くらさわ」が運営）、18号館（スポーツ健康学部生のみ利用可）がある。

多摩キャンパスの学食を利用するときのポイントは、ＨＰのキャンパスライフにを見て、行きたい食堂を定めてから行くことである。足をのばすと高尾山、城山湖、津久井湖などの景勝地がある。散策のついでにスニーカーのまま立ち寄るのもいい。もっとも、同キャンパスからも美しく雄大な多摩丘陵の自然を眺めることができるのだが。

DATA

●経済学部（経済学科／国際経済学科／現代ビジネス学科）、社会学部（社会政策科学科／社会学科／メディア社会学科）、現代福祉学部（福祉コミュニティ学科／臨床心理学科）、スポーツ健康学部（スポーツ健康学科）

町田市相原町4342
042-783-2091
京王線めじろ台駅・JR中央線西八王子駅・JR横浜線相原駅からバスで「法政大学」下車

武蔵野大学

Musashino University

大学の都心回帰が相次ぐ中、2012年に有明キャンパス（江東区）を開設する武蔵野大学。1924年に中央区築地で創設された同校は、29年に現在地に移転しており、武蔵野での歴史も長い。女子大のイメージがあるが、2003年に名称を変更、翌年男女共学になった。薬学部や看護学部などの設置が続き、総合大学へとその歩を進めている。現在、男女比は１：２で女子が多いという。

正門をくぐるとヒマラヤ杉やイチョウの並木が校舎より高くそびえ、学び舎としての歴史の重みが感じられる。その並木道を通り過ぎ、学食のある６号館へ向かった。ここには中高生用と大学生用、２つの学食がある。ちょうど定期試験中ということもあり、食堂内では多くの学

ランチA「和風ハンバーグ」
400円

生が勉強にいそしんでいた。

　木製のテーブルに日替わりメニューのサンプルが並んでいる。11年4月から日替わり丼が開始され、ほかのメニューも「味、価格ともにリニューアル！」とある。早速、ランチA・Bと丼を注文した。ランチAは肉系で「和風ハンバーグ」。ランチBは魚系で「カレイの唐揚げ」。丼は「トンカツ丼」。いずれも付け合わせを含め上品に盛られているのが特長だ。彩りの美しさは食欲をアップさせる。運営するニッコクトラストの担当者によると「食材や調理方法を工夫し、安くてボリュームのあるメニューを提案している」とのこと。女子学生が多くても、やはりがっつり系が好まれるようだ。

　同社では、お弁当やおにぎりも販売している。特に、授業の合間に手軽に食べられる手製おにぎり（100~130円）が好評という。から揚げやしゃけ味噌の人気が高いほか、日替わりにはタケノコご飯など季節を意識したメニューも並ぶ。

ランチＢ「カレイの唐揚げ」
400円

日替わり丼「トンカツ丼」
300円

6号館食堂
11:00～15:00
土日休み

グリーンホール
11:00～15:00
土日休み

その他メニュー

6号館食堂

- 武蔵野丼…300円
- 牛丼…300円
- カレーライス…300円
- カツカレー…400円
- ハヤシライス…300円
- 和麺各種…300円
- ラーメン各種…300円
- 日替わりパスタ…350円
- アラカルト（小鉢、サラダ、スイーツなど）…80円～

グリーンホール

- ランチ…400～420円
- 丼…380円
- 和麺…250～300円
- ラーメン…350～380円

続いて向かったのは、正門近くにある5号館。緑に囲まれた通称グリーンホールは、有名建築家が手掛けた美しい校舎だ。意匠を凝らしたカフェテリアには、柔らかな自然光が降り注ぐ。カフェといっても、メニューには日替わりランチやカレー、和麺、ラーメンなどが並んでいる。

同大では一般の方を対象にした講演会や講座などを多く開催している。1958年から始まった日曜講演会は現在も毎月第3日曜日に実施しており、年間のべ2000人以上が参加する人気ぶり。生涯学習講座や公開講座などでは多彩なゲスト講師を招き、時には入場制限が出ることも。生涯学習講座など一部を除き、申し込み不要、聴講（参加）無料というのもうれしい。さらに学内施設は、学校が使わない日曜・祝日に外部の団体に貸し出している。グリーンホールもそのひとつだ。培った教育の成果や学校の資源を地域社会へと還元する…多くの大学が打ち出していることとはいえ、一般市民に対してこれほど継続的かつ広範に行っている大学は数少ない。学食とともにぜひ利用したい。

また、FM西東京で教養番組「キャンパスラジオCatch the Career!」（毎週土曜日10:00~）が放送されている。

DATA

●文学部（日本文学文化学科）、グローバル・コミュニケーション学部（グローバル・コミュニケーション学科）、
政治経済学部（政治経済学科）、人間関係学部（人間関係学科／社会福祉学科）、環境学部（環境学科）、
教育学部（児童教育学科）、
薬学部（薬学科）、看護学部（看護学科）
＊12年4月よりグローバル・コミュニケーション学科、政治経済学科、経営学科（12年4月開設）、人間科学科（12年4月人間関係学科より名称変更）、環境学科が有明キャンパスに移転予定

西東京市新町1-1-20
042-468-3142
JR中央線武蔵境駅北口、三鷹駅北口、吉祥寺駅北口からバスで「武蔵野大学」下車
西武新宿線田無駅北口からバスで「至誠学舎東京前」下車、徒歩5分

武蔵野美術大学

Musashino Art University

文化勲章を受章した建築家・故芦原義信名誉教授のマスタープランのもとに設計建築され、1961年に開設された鷹の台キャンパス。創立80周年記念事業の一環として、2010年新たに図書館を建設、11年には美術館をリニューアルオープンした。約11万3300㎡の敷地には13号館までの建物のほか工房などが軒を連ねるが、すべてに統一感があり、整然とした印象を受ける。美術館は4万点を超えるコレクションを収蔵、年間を通じて展覧会を開催しており、入館料は無料。隣接する図書館は「書物の森」をイメージしている。ガラス張りで、木製の本棚が内側一面を覆う意匠を凝らした外観である。

その図書館の正面にあるのが、鷹の台ホール通称「鷹ホ」で、2階が食堂になっている。主に絵画系学生が利用

ランチA
「蒸し鶏のネギ塩ソース」
400円　253kcal

するとか。営業時間は10時から18時30分と長い。20時まで工房での制作が許可されており、閉店間際が混むそうだ。日替わりの見本が置いてあるガラスケースをのぞくと……ありましたよ「ムサビランチ」が。ハンバーグ＆コロッケ、のりたまのふりかけがかかったご飯にサラダがワンプレートにのり、みそ汁が付いて340円。これはコロッケ＆焼肉になったり、コロッケ＆チキンカツになったりする。学生はコロッケ、好きなんだろうなぁ。もうひとつは本日のランチA「蒸し鶏のネギ塩ソース」を選択。こちらは野菜が

鷹ホ
10:00〜18:30

その他メニュー

鷹ホ（第1食堂）

- 白・黒担々麺…各380円
- アラカルト（Wソースオム丼など）…400円

12下（第2食堂）

- 限定メニュー（牛丼、ピリ辛から揚げ丼など）…500円
- テイクアウトメニュー（豚すき丼、鳥そぼろ丼、かき揚げ天丼など）…260円

ムサビランチ
340円 708kcal

たっぷりのって、彩りも良く、ヘルシーな一品である。

このほかの日替わりは、ランチB（魚系）、麺やパスタ、アラカルト。定番はうどんやカレーなどで、かけうどんは180円という安さである。さらに今春から「焼きたてパン」の販売を開始。特にメロンパン好きにはたまらない種類の多さ。ももメロンパン（以下メロンパン省略）、抹茶、イチゴ、チョコチップ…（各130円）。ほかにクリームチーズパイ、フレンチドーナツ、キャラメルボーロ（各150円）など甘いおやつ系が中心である。その中で唯一異彩を放つのが、大辛ハバネロカレー（150円）であった。

「書物の森」をイメージした図書館(左奥)と鷹ホ

もうひとつの食堂は12号館地下にあり、通称「12下」。同館前にはガラスのピラミッドがある。フランスのルーブル美術館前のランドマークであるピラミッドを思い出すが、こちらは食堂の採光が目的という。この明かり取りとドライエリア(地下室を持つ建築物の外壁を囲むように掘り下げられた空間)から差し込む光と植え込みの緑で、暗さを感じさせない。室内はシンプルなモノトーンである。こちらには「MAUランチ」(400円)。MAUはMusashino Art Universityの頭文字。おろしハンバーグ、カニクリームコロッケ、サラダ、ライス、みそ汁が付いている。ほかに、きつねうどん(230円)

からビーフシチュー(460円)まで、カレー、丼物、パスタ、麺類をラインナップ。鷹ホに比べるとやや高だが、食器から食材の彩りまでがしゃれている。こちらは比較的デザイン系学生の利用が多いという。どちらの食堂を利用するかで、学生の趣向が学食にも表れているようで興味深い。

最後に紹介するのは、Bakery & Cafe「エミュウ」。40種類以上の調理パンやケーキがずらりと並んでいる。人気はフレンチトースト(120円)やパオパオ(280円)、ドーナツ(80円)など。中にはフランスパンや食パン1斤も。主に職員が自宅用に買っていくそうだ。

美しい建物の壁には、学生が発信するチラシが雑多に貼られている。それが美大生のパワーを感じさせ、昔も今も変わらない芸術への挑戦、情熱が何だかうれしかった。

●美術館（写真左）
開館時間／10:00〜18:00
土、特別開館日 10:00〜17:00
入館料無料

DATA

●造形学部（日本画学科／油絵学科／彫刻学科／視覚伝達デザイン学科／工芸工業デザイン学科／空間演出デザイン学科／建築学科／基礎デザイン学科／映像学科／芸術文化学科／デザイン情報学科）

小平市小川町1-736
042-342-6038
西武国分寺線鷹の台駅
徒歩20分
JR中央線国分寺駅北口から
バスで「武蔵野美術大学」
下車

明治薬科大学
清瀬キャンパス

Meiji Pharmaceutical University

Sorry
一般不可

清瀬市の閑静な住宅街の中にある明治薬科大学。正門を入ると、さらに空気が清々しくなるのを感じる。校内が禁煙であることも大きいのだろうが、1998年に現在地に移転したキャンパスは、美しく整然としている。

●薬用植物園
開園時間／9:00～17:00（冬期16:00）
休園日／大学の休業日、休業期間
正門または東門の守衛所で入校証をもらうこと
ペット連れの入園不可

●資料館
開館日／火・水・木曜
開館時間／平日13:00～16:00
　　　　　土曜10:00～13:00（第２土曜休館）

入ってすぐ右に薬用植物園と資料館、左にはハーブ園がある。植物園とハーブ園はベンチも置かれ、美しく咲く花の間を散策できるようになっている。資料館でいただいた案内書を手に一周してみると…牡丹やオニユリも薬草なんだ～とか、料理でよく使うハーブの原型はこれなんだ～などなど、身近な植物が持つ意外な効用に驚かされる。また、創立者・恩田重信の偉業を記念して造られた資料館は、江戸時代からの薬業・薬学や生薬など貴重な資料を展示。これらの施設は一般にも公開されている。なお、植物園・ハーブ園と資料館の開館日・時間は異なるので、注意を。

学食は講義棟や研究棟などを一望できる場所にある。窓の外には街路樹と芝生の緑が広がり、明るい自然光に満ちたカフェテリアだ。運営は生協で、季節に合った80種類以上のメニューを揃えている。「主菜プラス小鉢など、バランスの良い取り方をする学生が多い」と店長の長田千里さん。薬学専攻の学生は自分の健康もしっかり考えているんだ、と一安心する。周囲を見渡すと、食後のデザートに果物（パイン）を選んでいる学生が多かった。

それではと対抗意識を燃やし…たわ

チキンおろしだれ 294円 458kcal
ほうれん草おひたし 52円 12kcal
黒米麦ごはんS
105円 251kcal
味噌汁 31円 23kcal

ビタミン、リン、
カルシウムが
豊富

Wスープ醤油ラーメン
409円 716kcal

トロッと半熟煮卵
1個分

けではないが、ヘルシー路線で「チキンおろしだれ」「ほうれん草おひたし」「黒米麦ごはんＳ」「味噌汁」の４品を選択。他校ではほとんどお目にかかれなかった黒米麦ごはんがポイントである。白米に比べると粘り気が少ないが、歯ごたえがいい。よく噛んで、滋養をしっかり取り入れた。

　もう一品は人気の「Ｗスープ醤油ラーメン」。魚介系と動物系（チキン）から取ったスープは香ばしさとコクが同居し、小さな贅沢が味わえる。

　このほか、オリジナルメニューには週替わりで「とろっとカツ丼」「野菜肉味噌丼」「ハンバーグビビンバ丼」などを300～400円でラインナップ。毎日替わる限定40食の特設コーナーでは、オムソバやハッシュドビーフなどがローテーションで提供されている。また、昼時の混雑を緩和するために、一品のみがすぐに出てくるスピードコーナーを設置するなどの工夫をしているそう。

　生協および大学は、環境マネジメントシステムISO14001を取得している。生協の天坂雄一さんによると、廃棄物（残飯など）の削減、キャップ回収などエコに関する学生認知度を上げる取り組みを推進しているという。

　食堂の２階には売店がある。文具や

生協食堂
11:00〜14:00

書籍に交じってオリジナルの「お豆富クッキー」や、まんじゅうなどが並んでいた。夏休み前、帰省する学生を意識したものだ。「かわらせんべい」は創業明治６年の亀井堂総本店の品。一切添加物を使わず、職人の手焼きによる製法を守り続けている老舗だ。同校では約３割が地方出身者という。故郷への最高のお土産になること、間違いなし。

DATA

●薬学部
（薬学科／生命創薬科学科）

清瀬市野塩2-522-1
042-495-8611
西武池袋線秋津駅徒歩12分
JR武蔵野線新秋津駅
徒歩17分

明星大学 日野キャンパス

Meisei University

Sorry
一般不可

多摩モノレール「中央大学・明星大学駅」は、改札を出て右に向かうと中央大学、左に向かうと明星大学だ。お隣・中央大学の学食はマスコミに何度も取り上げられる多摩地域の雄。では、明星大学は？

そんな期待と不安が入り混じる中、最初に通された28号館３階学食で「ここはどこ？」状態に陥ってしまった。銀色がまぶしいステンレス製の盛り皿や土鍋、和食用塗り皿の上に、和洋中の料理からスイーツ、果物までずらり。まるでホテルのビュッフェのよう。さらにはコック帽姿のシェフまで登場した。

ここは１ｇ１円のバイキングである。こうしたグラムバイキングの形式をとる大学は多いものの、１ｇ1.3円が主流で、0.3円安い。店頭には「こ

の量で300円」という見本が。少しずつたくさんの種類を食べたいという女性には、十分の量だ。運営するエームサービスの中島直樹支配人にメイン料理を選んでいただいた。その内容は、おにぎり、目玉焼き、ほうれん草のごま和え、ハンバーグ、スパゲティ、生野菜のサラダ・サウザンドレッシングがけ、ブロッコリー、カリフラワー、コーン、プチトマト、チョコレートケーキ、プチシュークリーム……どうだ！　300ｇ300円で、こんなに盛れてしまう。これを家で作ろうと思ったら、一体いくらかかり、どれだけ手間暇かかることか。

　ここは女子学生をターゲットにしているそうだが、男子学生も多く訪れる。季節を問わず、人気があるのはグラタン。冬はおでんやモツ煮も登場する。また、100ｇ単位でピタリ賞は半額になるといううれしいサービスも。

　テイクアウトコーナーでは、丼（大・小）、ホットドッグ、チュリトス、タピオカドリンクなどを販売。取材当日の丼は麻婆豆腐、豚生姜焼き、かき揚げの３品。忙しい学生や職員らにはぴったりのファストフードだ。

　階段を下ると、650席を有する広い学生食堂が現れた。天井が高く、人が多くても圧迫感がない。３階同様エームサービスが運営するが、定食やカレー、丼、ラーメンなどの定番が多い中、ここで選んだメニューは「びっく

り明星ギガランチ」である。ハヤシライス、ハンバーグ、コロッケ、フライドポテト、オムレツ、サラダ…食いしん坊におすすめ。1150kcal、450円也。

　おやつメニューは14時30分から18時まで。揚げたてシャカシャカポテトやチュリトスが200円、ホットドッグ（150円）、コーヒー（100円）など。またイベント企画としてご当地ラーメンやカレーフェアほか、月2回、ミスタードーナツコーナーがお目見えする。約20種類すべて100円。

　12号館1階には「Star☆Shops」。学生が企画立案し、NPO法人やまぼうしが協力している。溶岩窯で焼い

びっくり明星ギガランチ
450円 1150kcal

たパン（130円～）やピザ（150円～）のほか、カレー（300～400円）やハンバーガー（200円）が食べられる小粋なカフェ。「チキンと大豆のカレー」とか「ゆずコショウチキンバーガー」など、名前からしておいしそう。

明星大学日野キャンパスは多摩丘陵にあり、広大な敷地の中には31号館までである。柔らかなナチュラルカラーで統一された棟が整然と並び、ガラス張りの回廊が続く様は、都会の洗練されたオフィス街を思わせる。もっとも丘陵地ゆえの坂（＝階段やエスカレーター）の多さは多摩ならでは。キャンパスは映画やドラマのロケ地としても多く登場している。

その他メニュー

● 3階
テイクアウト丼並
…280円　小180円

● 2階
たっぷり野菜炒め
ラーメン…400円

● タピオカドリンク
…250円

DATA

● 経営学部（経営学科）2012年開設
経済学部（経済学科）、教育学部（教育学科）、人文学部（国際コミュニケーション学科／日本文化学科、人間社会学科、福祉実践学科、心理学科）、情報学部（情報学科）、理工学部（総合理工学科）、造形芸術学部（造形芸術学科）
＊造形芸術学部は2年次以降青梅キャンパス

日野市程久保2-1-1
042-591-5793
多摩モノレール
中央大学・明星大学駅直結

ルーテル学院大学

Japan Lutheran College

Sorry
一般不可

全学生約400人という、小さな大学。三鷹市の閑静な住宅街の中で、校内はさらなる静けさに満ちていた。1969年に現在地に移転し、40年余り。キャンパスを縁取る自然と堅牢な建物は、周囲のわずかなざわめきをも吸収してしまうようだ。文化勲章受章者の村野藤吾が設計した本館は、まさに「地上からはえる」ようにその威容を誇っている。同館は2010年、三鷹市の登録文化財に認定されており、大学案内にはさらに「ラビリンス（迷路）のように造られている」との紹介が。私たちは後にこの本当の意味を知ることになる。

学食は本館の隣にある。前面には木立が茂る中庭があり、さわやかな風を食堂内に送っている。一方、厨房では調理を一手に引き受ける高柳保シェフが、昼休みを前に忙しそうにしていた。学生数が少ないとはいえ、ひとり

で約130食を手作りするのだ。家族の食事作りだけでフーフー言っている私は、ただただ尊敬の眼差しで高柳シェフを見つめた。

人気があるのは日替わりのスペシャルランチ。取材日は一口カツ、エビフライ、コロッケの「フライ盛合せ」。これにご飯とみそ汁、漬物が付く。結構なボリュームだ。女子学生数がやや多いそうだが、やはりここでも量を重視、魚より肉なんだそう。さらに付け合わせのサラダにも注目。千切り野菜に入っている種類が多い。おまけにパセリまで！　職人だなぁと思う。

続いての一品は日替わり麺の「豚しゃぶ（ごまだれ）」。冷やし中華の具材が豚しゃぶ、レタス、カイワレ大根、紅生姜と言ったら分かりやすいだろうか。さっぱりといただける上、ビタミンも豊富。家庭でもできそうだが、たれが難しい。高柳シェフは市販のたれをアレンジしているそうだ。

最後はデザート。本日は「グレープフルーツゼリー」で、これもシェフの手作りだ。果肉がたっぷりと入り、上には生クリーム。甘みと酸味が口の中で入り混じり、スッと溶けていく。締めはこれで決まり！

学食の取材を終え、昼の礼拝が終わるのを見計らって、チャペルに向かった。十字架をかたどった大学のシンボルは、外から場所は確認できるものの、入口が分からない。決して広くはない校内を行きつ戻りつ、結局、女子学生に尋ねた。彼女は、迷い人をチャペルまで丁寧に案内してくれた。「分かりづらいですよね。初めて来た人は必ず迷子になってしまいます」…これがラビリンスといわれる所以であった。ようやくたどり着いたチャペルは、荘厳な空気に包まれていた。テレビドラマ「古畑任三郎」をはじめ、ロケ地としても人気の場所という。

同大は社会人や編入生を積極的に受け入れており、総学生数の約1割が、30歳以上の学生だ。

迷宮の本館内はすべての人にやさしい造りになっており、バリアフリー、全トイレにウォシュレット付き。オムツ替えシートも設置されている。

大学のイメージキャラクターは画家・葉祥明の描いた犬のＪＡＫＥ。彼の描く絵のように、素朴でやさしさにあふれた大学だった。

紅生姜がアクセント

日替わり麺「豚しゃぶ（ごまだれ）」350円

その他メニュー

- うどん・そば…330円
- ラーメン…350円
- ご飯もの…350円
- カレーライス…380円

DATA

●総合人間学部
（社会福祉学科／臨床心理学科／キリスト教学科）

三鷹市大沢3-10-20
0422-31-4611
JR中央線武蔵境駅南口、JR中央線三鷹駅南口、京王線調布駅北口、小田急線狛江駅北口からバスで「西野」下車、徒歩3分

和光大学

Wako University

小田急線鶴川駅から徒歩15分。川崎市の「緑の保全地域」に指定されている岡上和光山（逢坂山）を裏山に持つ和光大学は、小高い丘の上にある。駅から大学、そしてたっぷりの緑に縁取られた正門から校舎までの通称「和光坂」の道のりは、中年以上の諸氏にはややつらい上り坂である。わずか80mをフーフーいいながら上る私を尻目に、イマドキのファッションに身を包んだ和光大生は、軽快にその坂を上っていく。

学食は2010年４月に完成したばかりの新総合棟（Ｅ棟）にある。「自由な校風」をイメージしたという４階建ての円筒形ビルは、周囲を芝生が取り囲みさわやかな風が吹き抜ける。

最上階にある食堂エリアは、コンクリート打ちっぱなしの壁と床のグレーとテーブルやイスの白が基調カラーで、シンプルで明るく、清潔な印象だ。テーブルには優先席が設けられており、これは

車イスを使用する学生のための席。

学食の営業時間は10時30分から16時30分と長い。昼休みに入る12時10分を過ぎると、330席がすぐに埋まり始める。途端、店内は様々な色であふれ、学生の熱気で満たされた。約２回転、１日平均500〜600食が出るというから、学生の約４分の１が学食を利用していることになる。

学生の６割が男子で、学食を担う生協は彼・彼女らがっつり系の食欲を満たさねばならない。カフェテリアのガラスケース内には小鉢（52円〜）からスイーツ（84円〜）が並び、手前には１ｇ1.3円のサラダと惣菜バーがある。生協を導入している大学は多いが、この品揃えはトップクラスだろう。何だかワクワクする光景である。ちなみに学生がランチで使用する金額は400円以内で、丼が人気だという。

学食内には「MY VOICE CARD」が多数掲示されていた。学生からの意見

チキン南蛮
294円 567kcal
麦ごはんS
73円 311kcal
豚汁 105円 171kcal

アサリと油揚げ、
刻みノリ、青ねぎを
さっぱりした
和風スープ仕立てで。
食欲のない夏でも
サラッと入りそう

深川丼
367円 595kcal

とその返答である。「うどんの麺がモチモチしていておいしすぎます。手打ちでしょうか？」「現在ビールの販売はしているのですか？　まさかしていない訳ありませんよね」などなど。それに答えるのは生協の白石さんならぬ、茂木芳久さん。気になる後者の答えは次のようである。「まさか！　和光です。ビール御利用下さい！　でも程々に」。自由な校風はこんなところにも表れているのだが…、ちょっと驚き。でも、さすがにランチビールを飲んでいる学生はいなかった。ホッと一安心。このほか要望の多かった麺の大盛りは、最近採用されたそうである。

年に1回開催される総代会では、学生企画がある。2011年度の募集テー

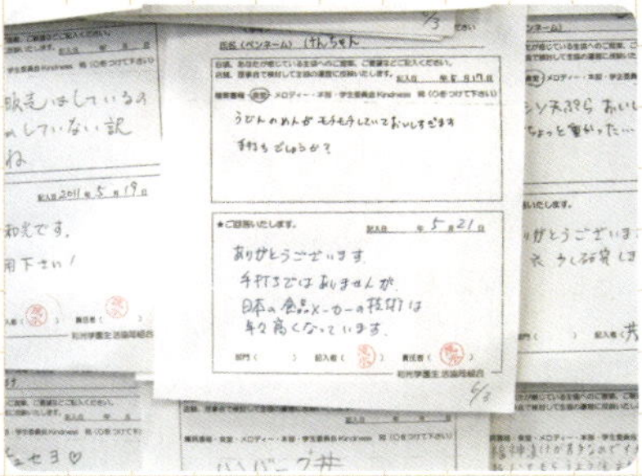

春と秋に開かれる、管理栄養士による食生活相談会

その他メニュー

- ●タマナーチャンプル …157円　159kcal
- ●揚げ出し豆腐 …84円　184kcal
- ●カプチーノケーキ …105円　343kcal
- ●チェリーショート …105円　156kcal

マは「マイ丼」。最優秀賞に選ばれたのは、はぎたつゆとよ君作。ご飯の上にコロッケ２個、ミートボール、スクランブルエッグ、プチトマトがのった一品。彩りとボリューム感が評価されたという。この丼は一定時期、学食で提供された。

余談だが、夏には学生主催のビアホールも開催され、焼き鳥や枝豆を自分たちで用意して楽しむとか。大学側は「夜は騒ぐなよ」程度で、あくまで学生の自主性を重んじる。

胃袋が満たされた後の帰り道は、校舎前からスクールバスを利用した。筋肉痛になりたくない方は、こちらがおすすめ。

DATA

●現代人間学部（心理教育学科／現代社会学科／身体環境共生学科）、表現学部（総合文化学科／芸術学科）、経済経営学部（経済学科／経営メディア学科）

町田市金井町2160
044-988-1434
小田急小田原線鶴川駅南口
徒歩15分、
またはスクールバス

路線図

JR武蔵野線
明治薬科大学 P108
秋津
新秋津
清瀬
西武国分寺線
日本社会事業大学 P80
多摩モノレール
小平
JR八高線
新小平
武蔵野美術大学 P102
白梅学園大学 P36
拝島
鷹の台
東京学芸大学 P58
首都大学東京（日野）P24
立川
西国分寺
国分寺
武蔵小金井
創価大学 P40
北八王子
西八王子
豊田
高尾
八王子
めじろ台
高尾山口
平山城址公園
高幡不動
京王高尾線
京王線
拓殖大学 P44
東京造形大学 P66
法政大学（多摩）P94
東京薬科大学 P76
明星大学 P112
相原
南多摩
中央大学 P48
中央大学・明星大学
東京家政学院大学 P62
首都大学東京（南大沢）P28
稲城
橋本
多摩センター
南大沢
京王堀之内
小田急多摩線
恵泉女学園大学 P14
駒沢女子大学 P20
桜美林大学 P6
淵野辺
新百合ヶ丘
JR南武線
町田
玉川学園前
鶴川
小田急小田原線
昭和薬科大学 P32
和光大学 P120
成瀬
JR横浜線

西武池袋線
池袋
花小金井
田無
西武新宿線
嘉悦大学 P10
武蔵野大学 P98
法政大学
（小金井）P88
武蔵境
三鷹
吉祥寺
JR中央線
新宿
東小金井
日本獣医生命科学大学 P84
ルーテル学院大学 P116
京王井の頭線
多磨
東京外国語大学 P54
明大前
JR山手線
飛田給
調布
下高井戸
京王相模原線
下北沢
西武多摩川線
渋谷
経堂
東急世田谷線
千歳船橋
三軒茶屋
東京農業大学 P70
狛江

Index

多摩のキャンパス 学食ごはん

2011年10月28日　第1刷発行

編者　●株式会社けやき出版
取材・撮影　●松井一恵　岩﨑有美
デザイン・DTP　●ササキサキコ

発行者　●清水定
発行所　●株式会社けやき出版
〒190-0023　東京都立川市柴崎町3-9-6
TEL042-525-9909
FAX042-524-7736
http://www.keyaki-s.co.jp
印刷所　●株式会社サンニチ印刷

ISBN978-4-87751-453-2 C0076
©KEYAKISHUPPAN 2011 Printed in Japan